九条の会

新しいネットワークの形成と蘇生する社会運動

飯田洋子 Yoko Iida

花伝社

凡例

・文中敬称略

・文中の英語論文はすべて筆者による訳出

九条の会——新しいネットワークの形成と蘇生する社会運動◆目次

まえがき

本書は、筆者がハワイ大学へ提出した博士論文“The Emergence of the Article 9 Association and the Reorganization of Social Movements in Contemporary Japan: A Story of Network Practice for Social Change”（Iida 2017）を英文から翻訳し、さらに加筆修正を加えたものである。この意味で、本書は学術書であり、その内容は、日本の社会運動の歴史的文脈における「九条の会」の画期性を語り尽くし、その上で専門的な社会運動研究として、この学問分野に対し理論的にも貢献したものだ。言い換えれば本書は、運動の当事者ではない、日本にルーツを持ちつつ海外の大学に所属する研究者の視点から、「九条の会」運動について客観的かつ総合的にとらえようとした試みである。

一方、本書をより一般に開かれたものとする目的から、元の論文には含まれていた理論と調査方法に特化した章はやや専門的に過ぎると思われたため、まるごと省略した。そのため、文章中にある理論への言及がやや唐突に感じられる箇所もあるかもしれない。調査方法については、いわゆる「質的」調査方法の代表格であるフィールドワーク（現地調査）及びインタビューを主軸に参与観察をおこなった。調査対象の抽出（サンプリング）方法については、現地調査対象については理論的サンプリング、インタビュー対象についてはスノーボール・サンプリングを採用した。

学術書、一般書にかかわらず、また国内外を問わず、「九条の会」運動そのものを主題として書かれた本は、本書の他にはまだない。「九条の会」運動の規模とその重要性を鑑みれば、それは不思議ですらあるのだが、本書を読み進めて下さるうちに、その理由もおのずから明らかとなるであろう。

筆者自身は、この研究を通して「九条の会」運動について知れば知るほど、その歴史的重要性について認識を深めることとなった。この運動の当事者にとって、外から見た「九条の会」の姿を知るための材料として本書が役立ち、その運動の意義について確信と自信を強められる一つの根拠となることを願う。そしてその平和へ向かう信念が、日本国憲法第九条の持つ普遍性とともに、世代を超えて伝えられていくことの一助として、本書が役立てば幸いである。

序章

日本国憲法第九条は、「国権の発動たる戦争と、武力による威嚇又は武器の行使は、国際紛争を解決する手段としては、永久にこれを放棄する」（第一項）と規定する、類い稀な憲法条項だ。また、この条文をより先進的にしているのは、「陸海空軍その他の戦力」の保持及び国の交戦権を否定する第二項である。この「平和条項」によって有名な日本国憲法は、その立法当時から論争の対象であり続けているが、この間七〇年にわたり、国会における改憲の挑戦に耐えてきた。一九六〇年から一九七〇年前半の、第九条と矛盾する軍事同盟であるところの日米安全保障条約の改定に反対する運動がつくりだした巨大なプロテスト・サイクル（抗議の周期）[1]の後、この問題に関する日本国内の抗議行動は下火になり、数十年もの間目立った抗議運動は起こらなかった。しかし、二〇〇四年、突如として「九条の会」という新しい運動が現れ、瞬く間に全国、そして海外に[2]、七五〇〇を超える数の「会」が作られた。このように長い期間の沈黙の後で、何がこの新しい社会運動へと繋がり、どのようにして、そしてなぜ、この運動はこれほどにも急速に発展したのか？　本書は、これらの疑問を、社会運動研究の概念と理論を使って解明するものである。

最初のアピール

二〇〇四年六月一〇日、七人の男性と二人の女性――全員が日本の主要な知識人――で構成されるグループが記者会見を開き、「九条の会」の結成を発表した。〝「九条の会」アピール〟は、以下のように述べている。


日本国憲法は、いま、大きな試練にさらされています。

ヒロシマ・ナガサキの原爆にいたる残虐な兵器によって、五千万を越える人命を奪った第二次世界大戦。この戦争から、世界の市民は、国際紛争の解決のためであっても、武力を使うことを選択肢にすべきではないという教訓を導きだしました。

侵略戦争をし続けることで、この戦争に多大な責任を負った日本は、戦争放棄と戦力を持たないことを規定した九条を含む憲法を制定し、こうした世界の市民の意思を実現しようと決心しました。

しかるに憲法制定から半世紀以上を経たいま、九条を中心に日本国憲法を「改正」しようとする動きが、かつてない規模と強さで台頭しています。その意図は、日本を、アメリカに従って「戦争をする国」に変えるところにあります。そのために、集団的自衛権の容認、自衛隊の海外派兵と武力の行使など、憲法上の拘束を実際上破ってきています。また、非核三原則や武器輸出の禁止などの重要施策を無きものにしようとしています。そして、子どもたちを「戦争をする国」を担う者にするために、教育基本法をも変えようとしています。これは、日本国憲法が実現しようとしてきた、武力によらない紛争解決をめざす国の在り方を根本的に転換し、軍事優先の国家へ向かう道を歩むものです。私たちは、この転換を許すことはできません。

アメリカのイラク攻撃と占領の泥沼状態は、紛争の武力による解決が、いかに非現実的であるかを、日々明らかにしています。なにより武力の行使は、その国と地域の民衆の生活と幸福を奪うことでしかありません。一九九〇年代以降の地域紛争への大国による軍事介入も、紛争の有効な解決には繋がりませんでした。だからこそ、東南アジアやヨーロッパ等では、紛争を、外交と話し合いによって解決するための、地域的枠組みを作る努力が強められています。

二〇世紀の教訓をふまえ、二一世紀の進路が問われているいま、あらためて憲法九条を外交の基本にすえることの大切さがはっきりしてきています。相手国が歓迎しない自衛隊の派兵を「国際貢献」などと言うのは、思い上がりでしかありません。

憲法九条に基づき、アジアをはじめとする諸国民との友好と協力関係を発展させ、アメリカとの軍事同盟だけを優先する外交を転換し、世界の歴史の流れに、自主性を発揮して現実的にかかわっていくことが求められています。憲法九条をもつこの国だからこそ、相手国の立場を尊重した、平和的外交と、経済、文化、科学技術などの面からの協力ができるのです。

私たちは、平和を求める世界の市民と手をつなぐために、あらためて憲法九条を激動する世界に輝かせたいと考えます。そのためには、この国の主権者である国民一人ひとりが、九条を持つ日本国憲法を、自分のものとして選び直し、日々行使していくことが必要です。それは、国の未来の在り方に対する、主権者の責任です。日本と世界の平和な未来のために、日本国憲法を守るという一点で手をつなぎ、「改憲」のくわだてを阻むため、一人ひとりができる、あらゆる努力を、いますぐ始めることを訴えます。

このアピールには、井上ひさし（作家）、梅原猛（哲学者）、大江健三郎（作家）、奥平康弘（憲法研究者）、小田実（作家）、加藤周一（評論家）、澤地久枝（作家）、鶴見俊輔（哲学者）、三木睦子（国連婦人会）が署名した。

このアピールが発表されるやいなや、巨大なセンセーションが巻き起こり、その結果として、初めの一年の間に三〇〇〇以上の草の根の「九条の会」が、全国に自発的に結成された。そして、その数は、その後の数年間に七五二八に到達し、今日までほぼ維持されている。この現象が、日本の人々にとって日本国憲法第九条が非常な重要性を持っていることを示す一方、この条項やその真価についてよく知らない人が、なぜそんなに多くの日本人がこの憲法の改変に抗してこのような運動を起こしたのか、疑問に感じるのもまた自然であろう。

前文とともに第九条は、一九四六年当時の日本の人々の、戦時下の重罪に対する真摯な反省に基づいた、現行日本国憲法の精神そのものだ。第九条は、一時的な感情の盛り上がりの結果でもなければ、占領軍によって押し付けられた単なる烙印でもなく、カントの永久平和論（1795）から続いてきた、人類によるより全般的な、世界平和を打ち立てるための努力の果実である（山室 2007）。そして、無数の歴史的証言は、第九条を生み出した平和思想が、それ以前から日本の中にも存在していたことを明らかにしている（堀尾 2016, 山室 2007, 河上 2006, 河相 2004, 竹前 2002, 佐々木 1997, 家永 1974, マッカーサー 1964, 幣原 1951, 中江 1887）。

国家の交戦権と、国際紛争の解決手段としての武力による威嚇及び行使を否定するこの条項は、その地球的重要性にもかかわらず、日本国内においては、平和を維持するための武力の必要性を説く者らと、平和は最終的には軍隊の廃止によってのみ達成されうると信じる者らの間で論争の種となってきた。二〇〇四年の「九条の会」のアピールは明らかに、この憲法が占領軍によって押し付けられたものだというすでに破たんした（しかしいまだ人気のある）主張に基づき、一九五五年以来第九条の改悪を進めようとしてきた歴代自由民主党政権の政治的動きに対峙して、平和は軍事力の放棄によってのみ維持されると信じる者の観点から書かれたものである。

日本国内においては、自衛隊の保持が第九条を侵しているかどうかについて、憲法学者の間で大いなる議論がある（Yanase 2016）。山内敏弘は、前世代において多数派を占めていた日本の憲法学者の見方を代表し、この憲法条項は軍隊を持たない絶対平和主義を追求するものだと主張しており（山内 1992）、法学者や政治学者の多くはこの基本的な立場を支持している（辻村 2000, 渡辺 2009, 浦田 2012）。山内は立憲平和主義の観念を提唱し、第九条は完全な軍備撤廃と非武装の防衛のみを許容していると主張する。彼は日本政府による近年の決定のみでなく、自衛隊の存在を許容する憲法解釈をも批判し続けている（山内 2015）。

学者の多くが第九条のもとでの自衛隊の維持は違憲とみなしている一方、自衛隊を合憲とみなす憲法学者の代表格が長谷部恭男である。長谷部は、法規範には、特定の問題に対する答えを提供する「規則」と、ある方向に解決の道筋をつけるための「原則」との二種類があると説明する。長谷部によると、第九条は規則ではなく原則であり、「現行憲法下では必要最低限の自衛力の維持は許されていると考えられ、またそれは、立憲主義の基本的考え方とも矛盾しない」（長谷部 2006: 4）。しかし、この長谷部でさえ、集団的自衛権は合憲だという解釈は不可能だと考えている。

憲法学者の他には、何人かの国家安全保障や国際関係の専門家が、憲法改正の議論は、第九条のもとで自衛隊を活動させることの、より実際的な結果を考慮するべきだと提言している。彼らは、自衛隊の合憲性は確かに重要な問題だが、自衛隊の活動の現実をより真剣に見つめることも、同程度に緊急の課題であるとする。「自衛」という言葉の意味は、冷戦の終結により変化した。例えば、伊勢崎賢治によれば、世界の最強国（すなわち、国際連合安全保障理事会の常任理事国であるアメリカ、イギリス、フランス、ロシア、そして中国）が伝統的な意味での戦争をすることは考え難い。なぜなら、国際法はすでに、世界がどんな侵略戦争をも支持しない程度にまで発展しているからだ。国連規制のもとにある国は、自衛のためにのみ、他の国に対する武力攻撃を許されている。とはいえ、日本の元首相吉田茂もかつて、「すべての戦争は自衛戦争である」と言ったことがあり、国家は、その行為を正当化できさえすれば、戦争という攻撃的手段に訴えることができる（伊勢崎 2015:647）。どちらにせよ、攻撃に出る国は、その武力行使が自衛のためであることを正当化できなければならない。

さらに、今日のいわゆる国際社会の「敵」は、いっそうその非国家性、越境性を強めている。例えば、イスラム教スンニ派の原理主義を掲げ、多くのテロ攻撃を行ってきた武装グループのイスラミック・ステイト（ＩＳ）は、インターネットを通じての国際的な要員獲得に成功しており、その参加者は宗教を超えた「正義」の旗のもとに集まっている。日本は、国際連合安全保障理事会の決定においては、いまだに「敵国」である。国連憲章は、国連参加国とその地域安全保障理事会に対し、「敵国」が戦後の決定に逆らったり、侵略的な政策を再構築しようとしたりした場合には、武力制裁を加えてよいという権限を与えている（国連憲章八章五三条）。このような条件のもとで、どのような「自衛」戦争が日本にとって選択肢となりえるだろうか？　この文脈において、日本が国家レベルの議論の場において中国を「敵」と名指しするようなことは、世迷言以外の何ものでもない。

すでに多くの指摘があるように、日本の安全保障を真剣に考えるなら、海岸線にたち並ぶ五四基の原子炉の存在こそが最も差し迫った問題であり、これらに対するテロ攻撃の回避が最優先事項であらねばならない。国家安全保障と紛争解決の専門家の観点から見れば、主流とされている議論は真剣な危機意識を欠いているのだ。こうした方向性での議論は、国際紛争を解決するための仲介役など、より効果的な自衛隊の活用を提案する（伊勢崎 2015）。例えば、元防衛省の高級官僚であり、自衛隊のイラク派兵を決めた柳澤協二は、その決定について省みている。彼は、当時の自分が自衛隊を海外へ送る選択肢を超えた思考をできずにいたと報告し、私たちは自衛隊を国外へ出さずに、軍事力以外の何かによって国際社会に貢献する可能性について、より真剣に考えることができるはずだと提起している（柳澤 2015）。このように、憲法との関係における自衛隊の役割についてのより現実的な議論は、日本が地球社会の中でより積極的かつ平和的なリーダーシップを発揮するための、未来へ向けた新たな視点を模索している。

米国人の作家イアン・ブルーマは、占領の遺産としてのいくつかの「重大な瑕疵」があると第三者の観点から主張した。ブルーマは、日本を「（自己）防衛について完全に他者に依存した状態」に留め置いた平和憲法をその一つとみなす（Buruma 2004: 152）。彼は、このことが右翼的報復主義を延命させる原因であり、合意が形成されるべき憲法をめぐる意見対立の原因であると主張する。しかし、ブルーマは、この憲法が書かれた過程への日本側からの参加の程度を過小評価している。そこには、憲法の専門家のみならず数多くの日本の市民が参加し、彼らの中には、広く公衆に向けて提案され、国民的な議論の対象となる憲法草案を自らまとめた市民グループもあった（山室 2007）。政治家や官僚もこの過程に深く関わり、その最終的な出来には相当な誇りをもっていた（佐藤 2016）。また実際、後章でも見る通り、憲法に関する日本の世論はブルーマの見立てほど対立していない。少なくとも、改憲派を含め、日本人は憲法を受け入れており、第九条の解釈をめぐる議論ですら、その平和主義の崇高な理想に対する反対を必ずしも意味していない。もしどこかに憲法についての鋭い対立点があるとすれば、それは日本の人々と自民党政権の間であろう。「右翼的報復主義」が生きながらえてきたのは、実はその考え方を政府与党が共有しており、一方でこの国の戦時中の蛮行の、国内及び海外の被害者に対するよりふさわしい賠償の要求を退け、そして日本の人々の、現行憲法に書き込まれた基本的人権さえも軽視しながら、右翼団体に声を与えているからだ。

自民党政権のこうした立場は、二〇一二年に発表された同党の憲法改正草案に明らかである。実際、比較憲法の視点から、マクエルワインとウィンクラー（McElwain and Winkler 2015）は、自民党の二〇一二草案は、政治組織に関して大きな改変をしない一方で、現行日本国憲法と比較して人権値が後退していると指摘している。比較憲法プロジェクト（Elkins, Ginsburg, and Melton 2009）が保管する全データセットを用いた同研究は、自民党草案が、現行日本国憲法を国際的な逸脱者にしている点（機構組織的不確定性）については何も変えずに、今日的水準に照らしても遜色のない、現行憲法の先進的性格を後退させていることを証明した。このことは、現行憲法が時代遅れになったから改憲が必要だという表向きの理由にもかかわらず、自民党草案は憲法を「更新」すらしないということを示している。明らかに、自民党草案の真の目的は、第九条を抹消し、日本を再び「普通」の軍事国家にすることにある。

ブルーマのような見方は、基本的に国家の安全保障（と世界平和）には軍隊が必要で、国家は軍隊を持って初めて独立国（であるから「普通」）であると想定する、いわゆる「普通の国」枠組みと親和的だ。しかし、第九条の理想、そしてこの憲法条項を、自らの選択で深く受け入れた日本の人々の感性は、このような想定に対し、根源的な疑問を提示する。

第九条をめぐる議論は政治的だ。それは観念的になりがちだが、より実際的で、現実に根ざした、真に平和的な目的のためのものになる必要がある。この意味において、日本国憲法第九条を取り巻く論争は、戦争と平和についての地球規模の闘争の小宇宙である。上述のアピールから、「九条の会」の運動が、一国内の政治的闘争を超えた意味をもつという確信の上に、意識的にはじめられたものであることは明らかだ。また、本書が明らかにするように、このアピールに情熱的に応答した人々もまた、この第九条を守るたたかいの、歴史的重要性について自覚的であった。

本書の目的

今日、二〇〇四年の「九条の会」の結成から一〇年以上が経過し、日本は、七〇年間で初めての憲法の明文改定に、これまでで一番近いところへきた。「九条の会」と力を合わせるように、新しい抗議運動もこの改憲の試みに対抗してつくられてきた。問題は日本の軍隊に関わるものであり、このたたかいの結果は、アジア太平洋地域の安定に対しても重い衝撃を与えるだろう。

本書にとってより重要なのは、「九条の会」の運動が社会運動の社会学的研究の対象として適しているということだ。なぜなら、「九条の会」の運動は、社会ネットワークの視点から社会運動の継続についての社会学的理解を前進させるための、理論的土台を提供してくれるからである。本書は、社会的、経済的、そして政治的条件が新しい政治的機会または脅威をもたらし、それが転じて社会運動を立ち上げる基盤になる時にのみ現れる、長期間存在する不満の表出として社会運動を捉える、政治的過程（political process）アプローチ（McAdam 1982）を基礎として受け入れている。社会運動の研究者の大多数は、社会運動にとってネットワークが重要であること、そして社会運動が既存の社会的ネットワークに根ざしたものである場合が多いことについて同意するだろう。ネットワークを分析の焦点そのものとした近年の研究を通して、多くの社会運動研究者は、今ではネットワークの発展の過程を社会運動の核心そのものと見なすようになった（Diani and McAdam 2003, Diani and Bison 2004）。この意味で、「九条の会」のネットワーク構造がどのように発展したかを扱う本書は、しばしば社会運動として登場し、その後組織化されていく、社会組織や社会機構の形成についての基本的な社会学的研究に対する貢献でもある。

「九条の会」は、広範なネットワークであり、それ以前の様々な運動を通して作られた社会的ネットワークに根ざしている。しかし、「九条の会」がもし、単に既存の社会的ネットワークに根ざしていただけなら、このような大規模な運動を創造することはできなかっただろう。このことは、社会運動が歴史的に二つかそれ以上の派閥に分断されてきた日本の場合に特に言えることだ。さらに、批判的（contentious）社会運動は、日本においては三〇年もの間潜行（abeyance）状態にあり（Taylor 1989, Whittier 1997）その継続的な活動にもかかわらず、多くの人々の目にはほとんど「不可視」（Steinhoff 2015）の状態にあった。この文脈から、「九条の会」がどのような社会的ネットワークに根ざしていたかを問うだけでなく、どのようにしてこれらの社会的ネットワークが「九条の会」の現在の形をつくりだしたのかを問うことが重要だ。これらの問いに答えるために、本書は、「九条の会」を、大きくて複雑な水平方向に連なるネットワークとして扱う。本書では、「九条の会」が形成された過程、草の根の会が組織され維持される方法、そして様々な会がどのようにして互いに、そして最初の「九条の会」と繋がっていったのかを調査している。

さらに本書は、日米安全保障条約改定に対する反対運動として登場した、一九六〇年代政治世代（political generation）が蓄積した社会的ネットワークに「九条の会」が根ざしていることを明らかにする。当初のプロテスト・サイクルの後に続いた潜行期を生き抜いた活動家の多くは、日本にある様々な社会運動の指導的役割を担ってきた。また彼らは、過去の運動に悪影響を及ぼした深刻な分裂の結果に耐えてきた。二〇〇四年に九人が日本の公衆に向けて「九条の会アピール」を発表した時、憲法の改定は、二〇一〇年代後半の今日と同じくらいに差し迫った危機として感じられていた。一九四六年の日本国憲法は、日本のすべての人々の、市民的権利の最も根本的な法的基盤であり続けている。この憲法が、その改正のためには衆参両院の議員の三分の二の賛成と、国民投票での過半数の獲得を要求していることは、第九六条に記される通りである。そのため、「九条の会」にとって、その目的に対して国民過半数の支持を得ることが、一つの合理的な目標となる。この目的のためには、今日の日本の社会運動においてもまだ主要な勢力であり続けている、一九六〇年代政治世代の内部に残る主要な対立を克服していくことが、運動の緊急の課題だった。

したがって、本書ではまず、一九六〇年代政治世代の内部に残る過去の対立について明らかにし、「九条の会」の参加者たちが、これらの対立を、どのような方法で克服していったのかを述べる。そうすることにより、「九条の会」が現在のような広範かつ水平的なネットワークの形態を獲得するに至った具体的な道筋を示し、そしてなぜそのことが、この国の社会運動セクター全体を再活性化するために必要不可欠であったのかを説明する。

戦争を違法化するための地球規模の努力のうちに、一つのマイルストーンを築いた第九条の重要性と、ただ日本の人々だけがこの条項を守ることができることを鑑みれば、日本における社会運動の活性化と継続は、世界平和へ向けて前進する歴史的過程を継続させる上で、より全体的な意義をもつ。一つ言えることは、かのパリ不戦条約（より公式には、国家の政策の手段としての戦争放棄に関する条約）を実現させたのは、結局は米国市民の運動だったということだ（山室 2007：184-194）。明らかに、日本国憲法第九条を守るための現在のたたかいは、米国や他の場所で以前に起こったこれらの運動の後裔である。本書は、社会運動は現実を変えることができ、その継続は私たちの社会の健全な発展にとって決定的に重要であるという確信に基づくものである。

本書の構造

以上の目的を達するために、本書は以下の章を提供する。

第1章ではまず、「九条の会」の出現と発展の歴史的背景を記述する。冷戦政治が日本の左翼とその平和運動に与えた影響についての概観に基づき、この国の批判的社会運動が分断されていった一九六〇年代以降の日本の政治的過程が、どのようにして後に続く長い潜行期間に帰結したのかを説明する。またそうすることにより、第九条に対する新たな政治的脅威が、その改変への反対意見を組織する「九条の会」の結成に繋がった時、第九条がなぜ平和憲法の要としていっそうの象徴的重要性をもつに至ったのかを説明する。本章はまた、二〇一一年三月の東日本大震災の後に出現した、二〇一〇年代における新しい世代の社会運動の生起と、この新しい世代が憲法と民主主義についての積極的な議論に加わり始めた過程を紹介する。

第2章は、「九条の会」の形成過程を詳述する。本章は、どのようにして最初の「九条の会」がつくられ、どのようにしてこれほどにも多数の市民グループが「九条の会」の草の根の会となるに至ったのか、そしてどのようにして、最初の「九条の会」が、瞬く間に幾千もの「九条の会」の全国的なネットワークの「交通整理係」になったのかを示す。言い換えれば、本章は、地域の指導的グループが形成された過程と、どのようにしてこれらの地域のネットワークが広がり、草の根の「九条の会」となったのか、そしてどのようにしてこれらの会が初めの九人の知識人のグループと連携していったのかを説明する。同じような過程が、職業や職場を基礎につくられた会など、地域の会以外の形の会にも当てはまることは、「九条の会」が、様々な形態の既存の社会的つながりに基づいてそのネットワークを拡大していった、その革新的な方法を反映している。本章ではまた、これらの草の根の会が行う主な活動について記述し、どのようにしてこれらの会がお互いに繋がりあい、草の根のレベルの「九条の会」ネットワークをつくりあげていったかを説明する。

第3章では、「九条の会」の「クリアリングハウス」（情報センターの役割を担う会）について論ずる。「クリアリングハウス」とは、草の根の会のネットワークの活動を促進し維持する会のことである（Steinhoff 2003）。これらの会も、自らを独立した一つの会と見なしていることが多い。クリアリングハウスは、現在では都道府県の大多数に存在し、またマスメディアなど主要な産業界にも存在する。本章では、理論的抽出により、一府五県のクリアリングハウスを調査対象とした。これらの会のそれぞれが、一九六〇年代から一九七〇年代の学生運動や一九八〇年代の労働運動などの過去の運動の経過の中で生み出された、一九六〇年代政治世代の残した歴史的遺産の一部である、異なる形態の対立を克服するために懸命になっている。ここでの分析は、各々の会がこれらの対立を克服していく方法に焦点を当てている。そうすることを通して、本章は、「九条の会」の運動の参加者が、互いの間にあるいくつもの溝に橋をかけていくことにより、意識的に既存のグループを超えた巨大な新しいネットワークをつくりだしていることを明らかにする。この意味においてクリアリングハウスは、「九条の会」の運動が古い分断された運動を、新しい結束したネットワークへと変えることに成功する要因となる、一つの革新的な仕掛けである。

クリアリングハウスの目的と活動は、これらの会のそれぞれが属する地域のもつ独自の歴史、社会運動組織、その他の資源[3]などの文脈の中にある。したがって、参加者たちは、それぞれが身を置く場所で、過去の溝を埋め、ネットワークを拡大することに力を集中させた。本章で取り上げる六つの事例は、今日の日本社会において一九六〇年代政治世代のつくりだしたネットワークの枠組みを描く。また、この分析は、広く日本の社会運動や他の国々において使われているにもかかわらず深く研究されることがほとんどなかった、クリアリングハウス的グループの役割について、理論的かつ実証的な理解を提供するものでもある。

第4章は、最初の「九条の会」とその活動の、初めの数年間の主な役割について分析する。最初の「九条の会」は、象徴的でカリスマ性のある指導部、かつ運動の情報局であり続けている。最初の「九条の会」は、国レベルでは「九条の会」の全ネットワークを代表する一方、運動に対してはスローガンや目標、そして彼らの活動に関連する政治の動きを理解するための最新の情報や分析手法を提供している。最初の「九条の会」は、草の根の会の間のコミュニケーションを手助けし、彼らの水平的な連携を強めるため、「全国交流集会」を主催し、ニュースレターやメールマガジンを発行している。また、一般公衆の憲法に関する知識を高めるための「憲法セミナーシリーズ」を主催し、その内容を記録したブックレットを発行している。二〇一一年に起きた東日本大震災に伴う、国内の社会的・政治的変化への対応に示されるように、最初の「九条の会」は時に、重大な問題に素早く対応し、そのたびに社会的現実に照らしてその役割と目的を真剣に見つめ直し、変化する状況に対して運動の妥当性を保っている。最初の

「九条の会」のこの性格と、「九条の会」のネットワークを構成する草の根の会の適応能力は、近年この運動がより広い共同をつくる際の必要不可欠な要素となっている。

第5章は、「九条の会」の初めの到達点を強調することから始める。本章は、政治的過程理論に基づき、「九条の会」のネットワークの発展と第九条に対する世論の逆転とがどのように符合したのか、そしてそれがどのように二〇〇七年の安倍首相とその内閣の辞職に繋がり、最終的に二〇〇九年の自民党政府の崩壊に帰結したのかを論述する。そして本章は、二〇一一年の三重災害と、それに続く第九条の改憲に固執する安倍自民党政権の復活という新たな政治的脅威に、「九条の会」がどのように対応したのかを説明する。

本章はまた、最初の「九条の会」が最も人脈のある指導者たちの連合であることを示す。九人の「呼びかけ人」のそれぞれは、独自の個人的・職業的背景をもっており、グループとして第九条と憲法以外の事柄についても意見を同じくしているわけでは必ずしもない。「事務局」もまた、社会的・政治的に活発な、専門性の異なる大学教員たちのみでなく、「九条の会」への参加以前には距離を保っていた二つの異なる社会運動グループの指導者たちも加わった構成となっている。その適応能力とともに、最初の「九条の会」のこの特徴もまた、「九条の会」の発展と、この会が近年のより広範な運動の中で高い中心性を獲得するために必須であり、またこのことによって会は、その憲法運動が元来のプロテスト・サイクルを超えて継続するための基盤を築いたのである。

第6章は、社会を不安定化させ、新しい世代の活動家の出現に繋がった、二〇一一年三月の東北日本における大地震の発生、それに伴う津波、そして福島第一原子力発電所の爆発という「三重災害」以降の、新たな政治過程について論述する。そうすることにより、本章は、残った疑問、すなわち、新しい世代の中での「九条の会」の「継続」の問題を扱う。「九条の会」が、その広範な、政治に対する実効力をもったネットワークをつくりあげた一方、この運動は若い世代からの参加を欠いている。新しい反核運動において活動をはじめた者らは、憲法と第九条を扱う「九条の会」へと、自動的に繋がりはしなかった。しかし、これらの若い活動家たちが、彼らの直面する問題群が互いに関係していることに気づき、実際にそれらが同じ根本的要因――政府による憲法違反――に起因していることに気づくのに、長い時間はかからなかった。共通の目的のためにともに国会議事堂の前に立つうちに、古い世代と新しい世代は互いへの信頼をもつようになり、やがて共同してイベントを企画し、新たなグループや組織を設立するようになっていった。

結論として、終章では、本書の主張を改めて整理し、理論的貢献を要約し、さらにその意味するところを論じる。本書は、「九条の会」が生成し、組織され、維持され、拡大していった過程の詳細な検証に基づき、政治に対して実効力を持つ大規模な社会運動が、どのようにして、潜行期間の後においてでもなお開始されうるのかについて、詳細に説明する。

本書は、社会運動が、直接的な後継者を欠いていても、プロテスト・サイクルを超えて継続することができるということを証明することにより、社会運動の継続に関する理解を拡大し、社会運動の社会学的研究に貢献する。すなわち、「九条の会」が体現するように、社会運動とは、運動の強度を維持したり資源を残したりすることによってのみでなく、その上に未来の運動が発展できるような基盤を整備する（つまり、以前から持ち越された問題を克服することや、様々なアクター間のつながりを強めていくことにより実効力を増す）ことによっても「継続」できる、ネットワーク的過程そのものなのである。

【注】

（1）社会運動の展開過程を捉えようと試みたいくつかの調査研究により、社会運動の多くは、明確な始まりと終わりのある直線的なものというよりは、むしろ周期性の生命をもつと結論付けられている。

（2）海外の会には、例えばパリ（フランス）、バンクーバー（カナダ）、韓国などの草の根の「九条の会」があり、最初の「九条の会」との交流活動の報告もある。

（3）resource mobilization theory（資源動員理論）に基づき、社会運動の成功にとって、時間、資金、技能・技術、人脈などの各種資源があること、それらを有効に使うことが重要であるということを説明したもの。

【文献】

山室信一『憲法9条の思想水脈』、朝日新聞出版社、二〇〇七年。

堀尾輝久「憲法9条と幣原喜重郎——憲法調査会会長高柳賢三・マッカーサー元帥の往復書簡を中心に」、岩波書店編『世界』八八二号、二〇一六年。

河上暁弘『日本国憲法第9条成立の思想的淵源の研究』、専修大学出版局、二〇〇六年。

河相一成『市民の、市民による、市民のための日本国憲法論』、陽光出版社、二〇〇四年。

竹前栄治『GHQの人々』、明石書店、二〇〇二年。

佐々木高雄『戦争放棄条項の成立経緯』、成文堂、一九九七年。

植木枝盛『植木枝盛選集』、家永三郎編、岩波文庫、一九七四年。

ダグラス・マッカーサー、島津一夫訳『マッカーサー回想記』、朝日新聞出版社、一九六四年。

幣原喜重郎『外交五十年』、中公文庫、二〇一五（一九五一）年。

中江兆民、桑原武夫・島田虔次訳『三酔人経綸問答』、岩波文庫、一九六五（一八八七）年。

Yanase, Noboru, "Debates Over Constitutionalism in Recent Japanese Constitutional Scholarship", *Social Science Japan Journal* 19(2).

山内敏弘『平和憲法の理論』、日本評論社、一九九二年。

辻村みよ子『憲法』、日本評論社、二〇〇〇年。

渡辺治『憲法9条と25条・その力と可能性』、かもがわ出版、二〇〇九年。

浦田一郎『自衛力論の論理と歴史：憲法解釈と憲法改正のあいだ』、日本評論社、二〇一二年。

山内敏弘『「安全保障」法制と改憲を問う』、法律文化社、二〇一五年。

長谷部恭男『憲法の理性』、東京大学出版会、二〇〇六年。

伊勢崎賢治『新国防論　9条もアメリカも日本を守れない』、電子版・毎日新聞出版、二〇一五年。

柳澤協二『自衛隊の転機　政治と軍事の矛盾を問う』、電子版・NHK出版新書、二〇一五年。

Buruma, Ian, *Inventing Japan 1853-1964*, New York, Modern Library, 2004.

佐藤功『復刻新装版　憲法と君たち』、時事通信社、二〇一六年。

McElwain, Kenneth M., and Christian G.Winkler “What’s Unique about the Japanese Constitution? :A Comparative and Historical Analysis”, *The Jounal of Japanese Studies* 41: 2, 2015.

Elkins, Zachary, Tom Ginsburg, and James Melton, *The Endurance of Natinal Constitutions*, Cambridge University Press, 2009.

McAdam, Doug, *Political Process and the Development of Black Insurgency*, Chicago, University of Chicago Press, 1982.

Diani, Mario,and Doug McAdam, *Social Movements and Networks: Relational Approaches to Collective Action*, edited by Mario Diani and Doug McAdam, Oxford, Oxford University Press, 2003.

Diani, Mario, and Ivano, Bison, “Organizations, coalitions, and movements” , *Theory and Society* 33, 2004.

Taylor, Verta, “Social Movement Continuity: The Women’s Movement in Abeyance”, *American Sociological Review* 54,1989.

Whittier, Nancy, “Political Generations, Micro Cohort, and the Transformation of Social Movements”, *American Sociological Review* 62, 1997.

Steinhoff, Patricia G., “Finding Happiness in Japan’s Invisible Civil Society”, *Voluntas* 26, 2015.

Steinhoff, Patricia G., “New Notes from the Underground: Doing Fieldwork without a Site” edited by Theodore C Bestor, Patricia G Steinhoff, and Victoria Lyon Bestor, Honolulu, University of Hawaii Press, in *Doing Fieldwork in Japan*, 2003.

第1章　日本の社会運動における政治的過程と一九六〇年代政治世代

本書は、「九条の会」の運動が、一九六〇年代から一九七〇年代にかけて日米安全保障条約改定に対する反対運動として起こった批判的直接行動（contentious activism）と、その後に続いた潜行期間（abeyance period）を生き抜いた、これらの運動の生存者たちによって築かれたネットワークに基づいていると主張する。しかし、これらの古いネットワークは、主にその分断された素性のために、「九条の会」という新しい運動を作りだすためには変換（transform）される必要があった。そうであるから、「九条の会」の重要性を深く認識するためには、この運動の出現と発展の歴史的背景と、特に一九六〇年代以降の日本の政治における変化の過程を理解することが求められる。

日本の左翼の中の三つの競合するグループ（共産主義者、社会主義者、そして無党派のアクターたち）を生み出した一九五〇年代の歴史的過程の概観に続いて、本章では、批判的社会運動が分断された政治的過程を提示し、またこのことがどのようにして、後に続いた長い潜行期間に帰結したのかということを示す。そうすることにより、本章ではまた、憲法改定の試みの焦点がなぜ常に第九条に当てられ、そのことによって第九条が、平和憲法の要としての象徴的意義をもつに至ったのかを説明する。そしてあわせて、本章では、二〇一一年三月の東日本大震災の後に登場した、二〇一〇年代における新しい世代の社会運動の盛り上がりと、この新たな世代が憲法と民主主義についての積極的な議論に関わるようになっていった過程について紹介する。

冷戦政治と日本の左翼

一九四九年にソ連が核兵器を保有するに至り、ヨーロッパ大陸は「核抑止力論」に基づく、米ソの冷戦体制に入っていった。それに対してアジアでは、中国大陸における「国共内戦」で毛沢東の共産党軍が勝利し、一九四九年一〇月一日に中華人民共和国が建国宣言をした。米英とともに大日本帝国にポツダム宣言を突き付けた蒋介石の中華民国政府は、台湾の亡命政府となった。

その半年後に、朝鮮民主主義人民共和国（以下「北朝鮮」）軍が三十八度線を越えて大韓民国に軍事侵入し、その行為は国連憲章第二条（戦争の違法化）違反の武力攻撃と認定された。

当時の国連安保理常任理事国は、アメリカ、イギリス、中華民国、フランス、ソ連であったが、中華民国と中華人民共和国が交代していないことを理由にソ連が安保理をボイコットする中、安保理は北朝鮮に対する軍事制裁を行う決議をあげた。そして、日本を占領していた「国連軍」が、北朝鮮軍と闘うため一斉に朝鮮半島に出撃したのであった。

一九五〇年七月、マッカーサーは、出撃基地を守るため、基地防衛能力を持つ事実上の日本軍を、「警察予備隊」の名のもとに創設した。しかし、深追いはするなという米国大統領の命令に反してマッカーサー軍が中華人民共和国国境近くまで進軍したため、人民解放軍の義勇兵が参戦し、一九五〇年末に、三十八度線で戦線は膠着した。翌年の四月にマッカーサーは解任された。彼が関わってつくった日本国憲法、とりわけ第九条を変えて、朝鮮戦争のただ中で日本の再軍備を一気に進めようと米日支配層は考えた。

一九五一年九月八日、日本は、ソ連はもとより、中華人民共和国や東ヨーロッパの社会主義国を排除した、アメリカを中心とする連合国とだけ「サンフランシスコ講和条約」を結ぶことになる。そして同日、吉田茂首相だけが、サンフランシスコ郊外のアメリカ軍基地で、第九条があるにもかかわらず、その前文で再軍備が明記された旧「日米安全保障条約」に調印し、植民地以下の「日米地位協定」が日本に押し付けられたのである。

こうして、欧州発の冷戦の緊張が東アジアにも広がるのに伴い、大衆的な平和運動が日本においても発展し始めた。カーライル（Carlile 2005）によると、この文脈において日本の状況に特有だったことは、労働運動内部の力関係であった。

フランスとイタリアにおいて共産主義者が中心的であり続けた一方で、日本共産党は一九五〇年代半ばまでには政治の本流に影響するだけの力を失っており、このことが、日本の米国の傘下への取り込みに対する抗議行動を他の政治勢力が組織するための「隙」を作りだした。日本の文脈において、この役割を負ったのは左派社会主義者だった。この重要な時期における左派社会主義者とその立場の突出は、日本の社会運動の組織的特徴、概念的志向のバランス、そして政治的経済的役割に対して、その後何十年にもわたって残る永続的な刻印をしるした。(Carlile 2005:173)

西ヨーロッパと同様に、日本における平和運動にはずみをつけたのも社会主義者と共産主義者及び非共産主義者の知識人だったが、日本共産党は一九五〇年代、党の方針をめぐる激しい党内抗争のさなかにあった。徳田球一率いる「主流派」は、破壊的な暴力革命の方針を強行し、多くの党員が、その正当であるはずだった中央決定に従ったため、党は民衆の支持を大きく損なった。宮本顕治率いる「非主流派」が最終的に秩序を取り戻し、追い詰められた「主流派」が以前から足場を築いていた北京に逃げるまでの間、党内抗争は何年間も続いた。日本共産党は、自主独立路線を掲げた宮本のもと、徐々に民衆の支持と日本社会における正当性を回復していった。しかしながら、この一九五〇年代の一連の出来事は、同党の公的イメージに否定的な影響を与え、将来に禍根を残した。後年、一九九〇年代に入り公開された前ソビエト連邦の秘密文書が、徳田と彼の支持者たちが日本共産党を支配下に置こうとしていたモスクワとの間で秘密裏の交信を行っていたことを明らかにした（不破 1993）。このことと、一九五〇年代初頭に日本全土を席巻していた「赤狩り」とが、国際的な共産主義運動がパリ世界平和会議に向けて盛り上がりを見せている当時においても、日本共産党をして日本の左翼の中でいかなる重要な役割を果たすことも不可能な状態に陥らせた。

このことが、日本社会党が「表向きの労働大衆の政治的声」（Carlile 2005: 176）となるための「隙」を作りだし、同党が取りうる立ち位置が世の関心事となった。東アジアにおいて冷戦が軍事化する以前には、日本社会党は、左派と右派の間の熾烈な党内抗争にもかかわらず、「三つの平和原則」――（共産党を含めたすべての政党の合意による）「全面的な」平和条約、永世中立政策、日本の国土における外国軍の維持に反対――のもとに結束していた。しかし、朝鮮戦争がこの状況を変えた。一九五一年の党大会で、左派は元々の三つの原則に新たな再武装問題への反対を加えた「四つの平和原則」を提案した。右派はこれに反対し、部分的平和条約の受け入れ、自衛のための限定的な再武装、そしてこれらを通して党をアメリカ主導の国際的反共産主義同盟を支持する勢力と連携させていくことを提案した。最終的には、四つの平和原則が多数票を得て採択された。そして左派が幹部会の過半数を占め、左派社会主義者の鈴木茂三郎が党首に選挙された。

日本社会党の最大の支持組織である労働組合総評の左派は、この競合において積極的な役割を果たしたために、同様の対立を自らの組織にも持ち込むことになった。同組合は、日本社会党の四つの平和原則の採用についての対立に続いて、朝鮮半島での衝突について米国の立場の無条件の支持を宣言し、部分的平和条約に賛成する国際自由労働組合総連盟（ＩＣＦＴＵ）への加入をめぐって分裂した。左派は、三分の二の多数者票が要求されるＩＣＦＴＵ加入に関する議決を退けることに成功したが、以降対立はエスカレートし、一九五一年一〇月二三日から二四日に開かれた日本社会党の臨時大会においてついに最終局面に到達した。社会党が次期国会における平和安全保障条約の批准に関する党の投票方針を決着させるために妥協策を打ち出そうとしていた大会において、二つの派閥は公然と対立したのだ。結果として、日本社会党は、右派社会党と左派社会党という二つの組織に分裂した。同党は、一九五五年まで分裂したままであった。左派が多数派を維持した総評は、左派社会党と緊密な関係を保った（Carlile 2005: 176-180）。

総評の左派社会主義者と左派社会党のほとんど全員が、自分たちは冷戦の二つの派閥から独立した、中立的第三勢力の一部であるという認識を支持していた。したがって、総評の左派社会主義者の重要なリーダーである高野実が、国際状況において「平和的勢力」が二極対立の傾向を転じる働きをしているとして、その勢力にソビエト連邦と中華人民共和国を含めたことは、大きな論争を招いた。高野はその意図を、「私の見方では、ある特定の時点で平和へ向けた努力をするものは、その時点において平和勢力です。ソビエト連邦が朝鮮半島において休戦を呼びかけている限りにおいて、それは平和勢力です」（Carlile 2005:189）と説明した。しかしこれは、中立性を維持することを最優先とする左派社会主義者にとっても受け入れることの難しいものだった。いずれにせよ、カーライル（2005:195）は以下のように分析する。

高野がリーダーシップをとっていた期間の最も重要な遺産は、積極的中立主義の価値観と様式を日本の労働運動の精神に注入したことである……アジア地域において冷戦のもつ意味合いがヨーロッパにおけるそれに比べてかなり多様であったということが、中立主義が日本においてより広く深く共感されることに繋がった。さらに、日本において平和問題が緊急の課題となったのは、共産党とその連携する労働運動が表舞台からほとんど消えていた時だった。平和と中立性はこうして、共産主義者というよりは社会主義者の属性となり、結果として、西ヨーロッパにある共産主義者イコール反国家主義者というような偏見から（完全にではないが比較的）自由だった。

こうして、戦前の日本において軍国主義とその侵略戦争に公然と反対した唯一の政党であるという、日本共産党の平和的な自己像にもかかわらず、党自体の過去の過ちと、ソ連と中国による国際的共産主義運動の独裁的支配をめぐる主導権争いを主要因として、同党はその後何十年もの間、日本の左翼における周辺的な地位を甘受するほかなかった。そうとはいえ、度重なる危機のもとでも日本共産党は最低限の支持を維持し、徐々に日本の左翼と社会運動セクターにおける影響力を拡大していった。

社会主義者と共産主義者とともに、無党派のアクターも、戦後の日本の社会運動における重要な一部である。党派に属するアクターから一線を画し、彼らは自分たちを「市民」と呼び、彼らの運動を「市民運動」と呼ぶようになった。このグループは当然、一枚岩でもなければ単一的でもなかった。そこには、概念的な（イデオロギー上の）不合意によって政党や労働組合から離れた者だけでなく、最終目的を達成するためにさほど重要とは思われないような問題をめぐって繰り返される内部抗争に幻滅した者なども含まれた。確かに、政党や労働組合の、自らの政治的影響力を増強するための戦略的な動きは、特に平和運動にとっては長い迂回のように見えることもあるだろう。また、概念的で形式的な組織的競争などにはかまっていられないが、自分の見ている問題について何かしたいという者にとっては、彼らの自発性を目指すべき目的のための活動に組織していくことは必要であった。

これらのグループは、職場の文化サークルから地域の女性グループまで、多種多様なグループを含んでいた（Sasaki-Uemura 2001）。一九五〇年代に現れた、これらの何百もの自主的で雑多な「市民グループ」は、一九六〇年代の日米安全保障条約改定に反対する巨大な抗議運動にとってだけでなく、戦後の日本の社会運動全体にとっても決定的に重要な要素であった。つまり、「市民」という言葉を社会運動の文脈で使うことは、社会運動がしばしば無自覚な「大衆」や「労働者」などの、より有能なエリートに導かれるべき「民衆」と結びつけられていた当時においては、新しく革新的だったのである。「市民」とはすなわち、帝国日本においてそうであったような「(操作の)対象」(臣民)ではもはやなくなった日本人にとって、新しいアイデンティティであった。知識人も、そのことを通して公民権の精神がこれらの新しい政治的アクターの中に注入される、理論的な議論を供給した。歴史家のレスリー・ササキ・ウエムラ(2001:32)は、以下のように記している。

……一九五〇年代の主体についての議論が一貫して示すのは、多くの進歩的作家や知識人が、自らの文化的創作と、民主的革命を起こすために必要な社会的行動という両方の観点から、伝統的なマルクス主義の制約に不満だったことだ。主体性についての理論家は、社会的階級を絶対的な決定要因とみなす考え方から距離を置き、歴史を動かす主体としての個人により重きを置きたいと考えていた。彼らはまた、日本がすでに表面的な外的形態においては民主主義的な公的組織を獲得している一方で、戦前の権力者や権威を保持し続けていたことから、人々の生活に民主主義の心もしくは精神を注入することに集中した……皮肉なことに、市民運動の理論家は、彼らの高い社会的地位によって広範な聴衆を得たと同時に、すべての人々は市民として同価値であると主張することによって、事実上、彼ら自身のエリート権威を降格させることになった。

このような知的背景と、左翼政党の中央集権的支配に対する市民運動グループの反感とが相まって、彼らは平等主義的組織と同意に基づく決定過程を志向するようになった。これらのグループは、民主主義を動的な過程とみなしたため、絶えず実際の政治的実践に理論を適応させた。このようにして、「市民」の概念は常に不確定的であり続けた。しかし、この不確定性こそが、産業に従事する労働者階級ともマルクス主義の観念形態とも共鳴できなかった人々にとって、市民運動を現実的な選択肢としたのだった（Sasaki-Uemura 2001:32-34）。

学生もまた、この世代の活動家の重要な一部分であった。彼らが重要であった理由は他にもあるが、中でも主たるものは、安保条約改定に対する抗議行動の中で彼らが最も直接的（時には暴力的）な行動に出たことであり、このような行動が、抗議運動についてのパブリックイメージの主要な部分を占めるようになったことである。前述したように、一九六〇年代以降の抗議運動は多様なアクターによる全国的な運動であり、学生グループはその一部であった。

しかし、特筆すべきなのは、一九六〇年代初期のより理性的であった学生運動とは対照的に、一九六〇年代後期の抗議行動はより暴力的になっていったことである。一九六〇年代後期の抗議行動は当初、一九七〇年の安保条約改定に対抗するための動きであっただけでなく、ベトナム戦争や環境汚染への反対に至るまで、広範囲な政治課題を包含するものであった。この時期を通した学生活動家の間の苛烈な派閥競争について詳細に記述するための知識を筆者は持たないが、一つ確かなことは、一九六八年から一九六九年にかけて大学のキャンパスを機能不全に陥らせる、いわゆる「全共闘運動」を生み出したのは、一九六〇年代後期の世代の方だったということである。結果として、初期の学生運動の指導者たちが社会的指導者として受け入れられ、政府機関や大企業に雇用されたり、第一線の知識人としてキャリアを積んでいったりした一方で、後の世代は社会の主流から排除され、完全に疎外された。新左翼運動がかつての左翼組織モデルを模した無数の多種多様な階層制組織を作り、互いに競争し、警察と衝突したのも、一九六〇年代後期のことであった（Steinhoff 2012）。

これら後者のグループの劇的な行動とその高いメディア露出度が主たる原因となって、抗議行動とは好戦的な学生活動家のものであるというような印象が作りだされた。このことは、安保条約に反対する抗議者は共産党とモスクワ当局に操られた暴力的な輩であるという、自民党政府によって度々強調された公的言説と相まって、社会運動は危険で共産主義者は暴力的だという印象を、いっそう強く一般の日本人に与えた。本書にとってより重要なことは、この時代の大いなる運動の盛り上がりを学生として体験した人々が、「九条の会」の運動の大部分を構成しているということである。この世代にとって、政治参加はアイデンティティの重要な一部となったのである。

いずれにせよ、彼らの間にある明確な観念形態上のちがいにもかかわらず、日本の共産主義者、社会主義者、そして無党派市民と学生活動家は、彼らが新たに獲得した立憲的民主主義の前途に関して深刻な懸念を共有しており、それが彼らにもたらした権利を守りたかったし、これらのグループの中の誰も、戦争に繋がった過ちを繰り返したくはなかった。彼らの視点からすれば、抑圧的な政府があたかも戦前の権威主義的国家を再び日本に持ち込むかのようにして、民主的な手続きを経ずに安保条約改定を強要することは、彼らの新しい権利を侵すものであった。したがって、反動的な政府に対抗する彼らのたたかいの、実践的かつ象徴的な旋回軸は、日本国憲法であり、特に第九条であった。

一九六〇年代政治世代と分裂した運動の歴史

日本の戦後史は、いわゆる「平和憲法」及びその平和条項第九条と、日米安全保障条約のもとで発展したこの国の実際的な軍事的能力との間の矛盾によって、根本的に特徴づけられている。第九条は以下に読む通りである。

（一）日本国民は、正義と秩序を基調とする国際平和を誠実に希求し、国権の発動たる戦争と、武力による威嚇又は武力の行使は、国際紛争を解決する手段としては、永久にこれを放棄する。
（二）前項の目的を達するため、陸海空軍その他の戦力は、これを保持しない。国の交戦権は、これを認めない。

この憲法による制限にもかかわらず、事実上日本の軍隊である自衛隊は、予算規模としては世界第三位となるまでに成長した（Port 2010）。しかし、第九条がその活動範囲を制限しているため、その巨大な潜在的破壊能力にもかかわらず、自衛隊は一九五四年の設立以来六〇年間にわたり、平和的活動のためにのみ使われてきた。

一九四五年から一九五二年にかけて日本を占領したアメリカ合衆国と連合国軍総司令部（GHQ）もまた、その総司令官ダグラス・マッカーサーが幣原喜重郎首相によって提案された第九条案を支持したことから、この平和憲法の源泉であった（堀尾 2016）。しかし、常に優先されてきたのは、日米両国間の相互的な軍事防衛義務を規定し、そのためとして日本の領土に米軍を駐留させることを通して制度化された、日米安全保障条約の方である。一九六〇年にこの安保条約が改定されるという時、その問題の核心は、日本がその国の最高法規の上に一つの条約を位置づけ、外国軍の半永久的な駐留を受け入れるのか、それとも戦争に関わる一切の潜在的可能性を排した真の平和国家となる道を歩み続けるのか、ということにあった。人々がこの条約の具体的条項について得ていた情報の程度がどうであれ、数万の参加者による巨大な反安保行動は、日本の人々がこのような条約の改定を受け入れたくなかったことの明らかな証拠であろう。結局、この条約は、棄権した少数派の欠席のもと、国会によって承認され、以来施行されている（Packard 1966）。結果として、現在日本のほとんどの都道府県に米軍施設が置かれている。沖縄ではさらに、一九七二年まで米軍による占領が続き、今日においても、その面積の一〇パーセントが米軍基地のために使われている。安保反対の運動は、前代未聞の規模の反政府・反アメリカ運動に発展し、一九七〇年代初頭に終わりを告げた「政治の季節」の後になっても活動を続ける多数の活動家を生み出した。社会運動の用語で言えば、この長い一九六〇年代は、一つの主要なプロテスト・サイクルとして記述されうるものである。

この世代の活動家が、以降その批判的性格を維持した一方で、日本の政治的土壌は、社会運動が発展するためには際立って対立を生みやすいものであった。これは、（労働組合や政党などの）より公式な組織間の協働を妨げ、分裂が起きた時には政治的対抗線に沿った分裂を促進する（Aspinal 2001, Iida 2008）日本社会全体の縦構造（中根 1967）によるものだけでなく、時の政府が以前の運動から深刻な教訓を学んだことによるものでもある。一九六〇年代以降の政治的協力関係の変遷は、野党政党を分裂させることにより、日本社会の縦構造を最大限に活用し、政治権力がいかにして脅威となりうる運動に分断を持ち込んだかについて、多くを語るものである。

一九六〇年代から一九七〇年代にかけての大規模な政治的論争は、一九六三年の原水爆禁止運動の分裂など、ひとくくりにはできない複雑さを含んではいたが、全体として強い野党を支えた。この間、日本社会党（以降「社会党」）と日本共産党（以降「共産党」）は「社共共闘」とよばれる統一戦線を組んでいた。この共闘は、反公害の立場から、大都市においては革新知事を誕生させた。公明党も、現在の与党としての自由民主党（以降「自民党」）との親密ぶりからは想像し難いが、当時においては革新勢力の一部であった。

一九七〇年代後期になると、社会党が公明党と民社党との協力という新たな方針を追求しはじめるとともに、変化が起きはじめた。また、当時社会党の最大の支持母体であった労働組合連合の総評が、労使協調路線に転換し始めていたことが、社会党内部の状況をさらに変えていった。結局、社会党と共産党の推薦した候補者が一九七九年の東京都知事選で負けたことが、地域の政治状況にも変化を引き起こし、両党間の統一戦線の破棄に至った。そして社会党と公明党は、「社公合意」とよばれる、明らかに共産党を排除した新たな協定を結んだ（日本社会党 1980，しんぶん赤旗 2007）。この新しい合意の目的は自民党に対抗することであったが、一九八〇年の総選挙における新たな統一戦線の敗北が社会党と民社党の間の不一致を深め、一方で公明党は自民党に近づき始めていた。このことが結局、後年の自民党、公明党、民社党の共同へと繋がっていった。

これらの政党レベルにおける展開に沿って、一九八〇年代後半には、新たな労働組合連合をつくるための労働運動の再編成が進められ、一九八九年の総評の解体と連合の結成へと繋がった。連合は、その新たな「統一戦線」から明確に共産主義者を排除したため、共産主義者は彼ら自身の労働組合連合である全労連をつくることを余儀なくされた。しかし、そのことの帰結は、日本の労働運動セクター全体の内部分裂であった（Iida 2008）。これらの政治闘争は、より公式な社会運動組織にも直接的な影響を及ぼした。

日本の国連平和維持活動への参加をめぐる社会党と公明党の不一致が妥協できない地点に達した一九九二年、社公合意は破綻し、社会党は翌年の総選挙で再度敗北した。しかし、自民党と他の野党も過半数に達しなかった。そのため、社会党、公明党、民社党は、自民党から分裂してきた者らでつくられた日本新党や新党さきがけなどと協力し、一九九四年、一九五五年以来初めて、細川護煕を首相とする非自民政府を作った。

社会党の変質と最大野党の消失

しかし、この政権は一年ともたなかった。社会党は初めこそ連合政権の一部であったが、政権内の他党が社会党にとって好ましくない派閥をつくると、政権から離れた。河野洋平総裁率いる自民党は、この機会を捉えて社会党に接近し、社会主義者の村山富市を首相にすることを持ちかけた。河野自民党は社会党とさきがけを取り入れることに成功し、三党は連立政権を組んだ。村山首相は、日本の戦時中のアジア侵略に関する談話において被害者に対する公式な謝罪を行ったために有名になった一方、社会党は彼のもとでその性格を根本的に変質させた。社会党は、日米安全保障条約に対する態度を反対から許容に変え、自衛隊に対する態度を違憲から合憲に変えたのである。このことは、最大野党の実質的な消失を意味した。

当然、社会党の変質は同党の以前の方針の支持者には歓迎されなかった。一九九六年、同党は名称を「社会民主党」と改め、社会党委員長であった村山富市が初代党首となった。党名変更と自社さ連立政権への参加に批判的な勢力は、離党して新社会党を結成した。一方、残りの元社会党と、鳩山由紀夫や小沢一郎といった重要人物を含む多くの短命な党からの分離者たちが集まり、民主党という新たな最大野党がつくられた。いずれにせよ、左派連合からの共産党の排除と相まって、与党自民党との政治的均衡を保ってきた最大野党・社会党の没落は、日本の政治の方向性に重い衝撃を与え、その急激な右傾化を許すことになった。

潜行する分裂した社会運動

政党と労働組合の間の政治闘争を横目に、市民運動は一九八〇年代から一九九〇年代にかけてはほぼ潜行状態にあった。しかしそれは、日本には町内会以外に市民社会が存在しなかった（Pekkanen 2006）とか、批判的社会運動はすべて飼いならされた（Avenell 2009）とかいうことを意味してはいなかった。批判的運動は日本の市民社会の奥深くに埋め込まれ、一般市民には

「不可視」だった（Steinhoff 2015）が、この年月も一貫して活動を続けていた。その間、これらのグループや個人の活動家たちは、無数の社会運動や彼らの関わる活動についての出版物を製作していた。それでもやはり社会運動は、研究対象としては日本の学者にとって一種のタブーであったし、社会運動について集中的に学べる授業課程をもつ日本の大学はつい最近までほぼ存在しなかった（西城戸 2008, 田中 2014, 山田 2014, 高橋・SEALDs 2015, 中野 2016）。法政大学の大原社会問題研究所は、一九一九年から主に労働問題について研究し続けている学術組織だ。経済学の課程でマルクスが教えられていることは珍しくなかったが、社会学の課程では、その学問分野における基礎的な古典理論としてすら、学生がマルクスを学ぶ機会を見つけることは日本ではいまだ困難である。筆者の知る限りでは、最近東京大学で社会運動の大学院ゼミを教えはじめた日本人研究者が一人だけいるが、彼はコロンビア大学卒の故チャールズ・ティリー教授（米国社会運動研究界の重鎮）の教え子であり、研究領域は日本ではなく南米の運動である。日本人の社会運動研究者も多いことは確かだが、彼らは総じて、潜行期間においても比較的安全な題材であった環境保護運動を研究する傾向にあった。こうして、日本の社会運動は、学術研究の対象としても潜行期間にあった。結果として、社会運動について本格的な研究を行うためには、研究者は英語文献に頼りきりにならざるを得ない現状がある。

その分裂しがちな傾向は、日本の社会運動にもう一つの特徴を与えた。それは、社会運動グループや組織の構成員の多方面にわたる重複である。これまでの研究も明らかにしてきたように、統一戦線を組むことは反対勢力が権力に対抗するための唯一の道である。したがって、社会運動アクターは、連帯できる方法を見つけなければならない。政党と労働組合の分裂を受け、日本のより現実的な社会運動は、必然的に繋がる方法を探すことになる。分裂した政党と労組を避けて迂回するように、市民活動家たちは、多種多様な、しかし関連した各問題に対応するため、無数の小さなグループをつくった。これらのグループが小規模になる傾向にあったのは、このようなグループをつくることは、人々が合意して協働できる一点がある場合においてのみ可能となったからである。彼らは、試行錯誤の過程で得た教訓に基づいて様々な計画を練ることを通して、新たなアイディアのもとにさらに多くのグループをつくり続け、一方で既存のグループを新たな状況に合うようにつくりかえていった。結果として、日本の市民社会には、そのグループが何の問題について扱う集団なのかを明確に反映した、非常に長い名前の付いた市民グループが無数に存在している。このようにして、一九六〇年代から活動を続けている多くの活動家たちは、いくつもの異なるグループに属すようになった。

グループの規模やその扱う問題にかかわらず、左翼政党や労働組合を含むこれらのすべてのグループは、その存在の根拠を日本国憲法に置く。なぜなら、団結権が日本国憲法に書き込まれたことが、それ以前には非合法とされたグループに法的根拠を与えたからである。この憲法はまた、それ以前には弾圧の対象となっていたすべてのグループにも明確で強力な保護を与えた。これらのグループには、信教の自由が憲法によって保障されたことから新興宗教団体やキリスト教団体が含まれたし、学問の自由が保障されたことから学者も含まれた。また、女性の法的権利も、集会の権利、言論の自由、そして法廷における被告代理弁護士に代弁してもらう権利などとともに、憲法に書き込まれた。

その結果、これらのグループや様々な野党は、個別にも集団的にも国会の多数を占めることはなかったが、過去半世紀以上にわたり、憲法を変えようとするいかなる政治的努力にも、それが彼らの享受してきた保護の剥奪に繋がる可能性を恐れ、結束して対抗し続けてきた。一九五五年以来続いた自民党政治のもと、憲法改変のための努力の焦点は常に第九条であった。憲法改定には、国会の三分の二の議員の賛成と承認が要求される。少数派政党は、彼らのちがいにもかかわらず、常に第九条改変のための努力に反対するべく結束し、自民党が改憲の策動を前進させるために必要な三分の二の賛成票を獲得することを阻止してきた。こうして、第九条は平和憲法の要としての象徴的な重要性をもつに至った。

二〇〇〇年代以降の憲法に対する新たな挑戦

歴代の自民党政府による継続的な改憲の試みにもかかわらず、日本国憲法は七〇年間にわたり無傷のままである。一九九〇年代の湾岸戦争が安全保障についての議論を再活性化したが、憲法調査会が二〇〇〇年に両院に設置されるまで、実際的なインパクトのある動きはなかった。

一九九〇年代には、一九八〇年代後期の労働運動の再編の影響で政党にも変化が起きたが、そのことが日本政府の様々な側面を改変するための新たな努力にとっての政治的機会をつくりだした。憲法調査会の設置は、これらの政治状況の変化の結果であった。以降、状況は劇的に変化した。翌年、米国が9・11テロに遭った翌月に、日本の国会はテロ対策特別措置法を成立させ、これにより日本は米国の「対テロ戦争」の後方支援を担えるようになった。イラク復興特別措置法など、一連の緊急防衛（事態）法の施行がそれに続いた。

こうして、二〇〇〇年代初頭は、多くの日本人、特にこれらの新たな発展は第九条のもとでは違憲であると考える者らにとって、内省の時期となった。長年の活動家たちは、まだ潜行状態ではあったが、彼らの蓄積された資源を活用し、この新たな挑戦に対抗するために力を集中させはじめていた。そうするうち、二〇〇四年、彼らは「九条の会」という新しいグループが、日本人の活動家であればその思想に関わらず知らない者はいないような九人の著名な知識人によって結成されたというニュースを受ける。「呼びかけ人」による初めのアピールは、何らかの行動が特定のグループによって取られるべきだというようなことは示さなかった。いずれにせよ、以下の各章で見るように、「九条の会」は数年のうちに広範なネットワークとなる。

「九条の会」の運動の発展と同時進行で、国の安全保障をめぐる議論は加熱していた。二〇〇六年、自民党は、一九六〇年に日米安全保障条約に署名した岸信介前首相の孫である安倍晋三を、第九〇代首相として選挙した。自民党内のいわゆる「教科書議連」（日本の前途と歴史教育を考える議員の会）の主導的メンバーであり、超国家主義的社会運動組織である日本会議と親密な関係をもつ安倍は、その憲法に対する一貫した改憲論的立場で知られていた。予想通り安倍は、自らの任期中の第九条を焦点とした憲法改定を誓ったが、政権発足後一年を経ずして、重病を理由に突然辞任した。多くの指摘するところは、安倍の辞任は二〇〇七年の世論調査における憲法改正に対する支持率の劇的な降下のせいであるということだ。世論におけるこの変化は、与野党間の力の均衡の変化に直接的に現れた。自民党は二〇〇九年の総選挙で野に下り、民主党が社民党とみんなの党とともに連立政権を形成した。

3・11三重災害と社会運動における新世代の登場

その二年後、二〇一一年三月一一日、マグニチュード9の地震と巨大な津波が東北日本の沿岸を襲い、福島県の小さな海辺の町に立っていた福島第一原子力発電所の爆発がそれに続いた。地震と津波は一万数千の命を奪った。さらに多くの人々が家族や家を失った。核の事故は数万の人々に、いつ戻れるかもわからないまま故郷からの避難を強要した。避難した農民は、家畜やペットが野生化するのを放置せざるをえなかった（畜牛を殺すように命じられた人すらいた）。漁民は水産施設の壊滅のためだけでなく、放射性物質による海洋汚染のために、漁ができなくなった。このようなひどい生活の破壊は、自殺などによる死の原因ともなった。民主党率いる連立政府は、この未曾有の規模の災害に、国会内での足場を維持することに奮闘しながら対峙することになった。しかし、この大災害、特に放射能汚染の恐怖の全国への広まりを前に、政府と福島第一原子力発電所を経営する東京電力は、被災者のニーズを満たすことができなかった。

このことが再び政治の進路を逆転させ、二〇一二年の総選挙における安倍率いる自民党の復活に繋がった。しかし、自民党政府の復活は問題を解決しなかった。状況を改善するために総力をあげるどころか、自民党政府は人々の注意を現実から逸らすことに励んだ。次期オリンピックを東京に招致するため、安倍首相はプレゼンテーションで、福島第一原発からの汚染水の流出は「完全にコントロールされている」とさえ主張した。新聞各社が毎日その反対の状況を報道している時に、である。それでも、自民党と公明党は二〇一三年の参議院選挙で勝ち、両院の過半数を占めるに至った。その後政府は、日米安保条約をいっそう強化するための一連の新しい国家安全保障法案を成立させ、明らかな第九条違反である「憲法の再解釈」を要求した。

一方その間、社会運動を取り巻く状況は目覚しく変化していた。災害とその後の顛末は、再び日本をして草の根の運動の温床に変えた。公的な言説が国家的団結と自主的な救済努力の重要性を強調する一方での放射能汚染の恐怖は、無責任な東電と政府に対する怒りとともに、全国的な反核運動の大いなる盛り上がりの引き金となった。このことが、既存の分断を抱える組織の中ですでに確立された古い反核運動を再活性化させただけでなく、しがらみのない新しい世代の活動家を登場させることになった。

3・11三重災害は、若い世代の中の積極的行動主義を覚醒させた。その衝撃は、これらの新しい活動家たちが、彼らが自らの問題として直面する諸問題は相互に関連しているということ、そして実際には、政府による憲法違反という共通の根本原因から派生するものであるということに気づきはじめると、他の社会問題領域にも広がっていった。より最近の、国家安全保障法に反対する世論の盛り上がりは、この前提条件無くしてはこれほど顕著ではなかったであろう。

これらの最近の運動は明らかにコンテンシャス（批判的）であり、またより重要なことに、新たな世代の活動家を憲法と民主主義についての積極的な議論に関わらせている。このこともまた、社会運動が全体として「老人と旗」――若い世代がデモや集会への参加を躊躇する主な理由としてよくあるのは、そのような場には老人と所属する組織や団体の旗を持った人々しかいないから、ということである――に結びつけられていた以前の日本の状況からは、予想し難かったことである。これに続く過程で、これらの異なる世代の社会運動は、ついに融合し始める。いずれにせよ、以下の各章で議論する通り、この近年の到達は、「九条の会」の活動を通して築かれた基盤なくしては、到底可能ではなかったであろう。

【文献】

McAdam, Doug, *Political Process and the Development of Black Insurgency*, Chicago, University of Chicago Press, 1982.

Carlile, Lonny, E., *Divisions of Labor: Globality, Ideology, and War in the Shaping of the Japanese Labor Movement*, Honolulu, University of Hawaii Press, 2005.

不破哲三『日本共産党に対する干渉と内通の記録――ソ連共産党秘密文書から 上・下』、新日本出版社、一九九三年。

Sasaki-Uemura, Wesley, *Organizing the Spontaneous: Citizen Protest in Postwar Japan*, Honolulu,University of Hawaii Press, 2001.

Steinhoff, Patricia G., "Japan: Student Activism in an Emerging Democracy", in *Student Activism in Asia: Between protest and powerlessness*, edited by Meredith L Weiss and Edward Aspinall, Minneapolis: The University of Minnesota Press, 2012.

Port, Kenneth, L., *Transcending Law: The Unintended Life of Article 9 of the Japanese Constitution,* Durham, North Carolina, Carolina Academic Press, 2010.

堀尾『憲法９条と幣原喜重郎――憲法調査委員会会長高柳賢三・マッカーサー元帥の往復書簡を中心に』

Packard, George, V., *Protest in Tokyo: The security treaty crisis of 1960*, Princeton: Princeton University Press, 1966.

Aspinall, Robert W., *Teachers' Unions and the Politics of Education in Japan*, State University of New York Press, 2001.

Iida, Yoko, "Beyond the Schism: Teachers'Unions and the Revision of the Fundamental Law of Education in Japan", University of Hawaii at Mānoa, 2008.

中根千枝『タテ社会の人間関係――単一社会の理論』、講談社、一九六七年。
日本社会党、公明党「日本社会党と公明党の連合政権についての合意」、労働者運動資料室 www.geocities.jp/roudousyaundou/syakaitou_031.htm(Accessed July 26, 2016), 1980.
しんぶん赤旗「１９８０年の「社公合意」とは?」http://www.jcp.or.jp/akahata/aik07/2007-12-20/ftp20071220faq12_01_0.html (Accessed July 26, 2016)、二〇〇七年。
Pekkanen, Robert, *Japan's Dual Civil Society : Members Without Advocates*, Stanford University Press, 2006.
Avenell, Simon Andrew, "Civil Society and the New Civic Movements in Contemporary Japan: Convergence, Collaboration, and Transformation." *The Journal of Japanese Studies* 35:247–283, 2009.
Steinhoff, Patricia G. 2015. "Finding Happiness in Japan's Invisible Civil Society." *Voluntas* 26:98–120.
西城戸誠『抗いの条件――社会運動の文化的アプローチ』、人文書院、二〇〇八年。
田中優子『そろそろ「社会運動」の話をしよう――他人ゴトから自分ゴトへ。社会を変えるための実践論』、明石書店、二〇一四年。
山田敬男『社会運動再生への挑戦――歴史的せめぎあいの時代を生きる』、学習の友社、二〇一四年。
高橋源一郎・ＳＥＡＬＤｓ『民主主義ってなんだ?』、河出書房新社、二〇一五年。
中野晃一『つながり、変える私たちの立憲政治』、大月書店、二〇一六年。

第2章 「九条の会」：運動とネットワークの出現と展開

この章では、「九条の会」とそのネットワークの形成過程を詳述する。どのようにして、ごく短期間に、おびただしい数の草の根の「九条の会」がつくられたのか。また、どのようにして、最初の「九条の会」は全国に広がる何千もの「九条の会」の「交通整理係」となったのか。換言すれば、この章では、地域の中で主導的な役割を果たすグループがつくられた過程、これらの地域的ネットワークが広がり、草の根の「九条の会」になっていった過程、そしてこれらの会が九人の知識人たちのつくった最初のグループに自らを連ねていく過程を見ていく。地域の会の他にも、職業的な集団・組織や職場の中につくられた会などについても、同様の過程を観察する。また、この章では、これらの会が行う主な活動について記述し、これらの会がどのようにして相互に繋がり、草の根レベルのネットワークを形成しているのかを説明する。

最初の「九条の会」

二〇〇四年六月、「九条の会」は日本の公衆に対してその設立を宣言し、記者会見を開くと同時に、「九条と憲法を守る」ための人々の支持を呼びかける、署名入りの「アピール」を発表した。この最初の「九条の会」の構成員は、井上ひさし（劇作家 1934–2010）、加藤周一（評論家 1919–2008）、三木睦子（アジア婦人友好会創設者、三木武夫元首相夫人 1917–2012）、小田実（作家 1932–2007）、大江健三郎（作家 1935–）、奥平康弘（憲法学者 1929–2015）、澤地久枝（作家 1930–）、鶴見俊輔（哲学者 1922–2015）、梅原猛（哲学者 1925–）の九人であった。また、その活動を支えるために組織された事務局は、小森陽一（日本近代文学）、渡辺治（政治学）、高田健（市民運動家）、川村俊夫（憲法会議代表幹事）、専従事務職員一名で構成されていた。

この最初の「九条の会」はどのような集まりなのだろうか。二〇〇四年六月の最初の記者会見の議事録によると、同年初春に加藤が小森に「九条の会」の構想を持ちかけたのが、そもそものはじまりだった。その後、小森が大江に話をもっていき、加藤と大江で「アピール」原案を書き、それをもって残りの面々に声をかけていったという。[1] とはいえ、彼らの多くはそれ以前から何らかのつながりをもっていた。

それぞれが独自の背景や専門性をもつ九人の「呼びかけ人」と「事務局」の面々は、多彩な、また部分的には重なり合う個人的ネットワークを「九条の会」にもち込んだ。大きく括れば、九人の「呼びかけ人」は皆、日本においては著名な知識人であり、その大半は国際的にも名を知られる存在だ。例えば鶴見は、一九四六年から一九九六年まで発行された『思想の科学』という雑誌の創設者で、実姉の鶴見和子（社会学）、丸山真男（政治学）、都留重人（経済学）らとともに同誌を運営した。その鶴見の呼びかけで、作家であり反戦運動「べ平連」（ベトナムに平和を！市民連合）の創設者だった小田が「九条の会」に参加する。鶴見や小田が主導していたこれらのグループは、一九五〇年代以降に展開したものの中でも最大かつ最も影響力のある市民運動だった[(2)]。加藤、大江、澤地は、彼らの作家としての出版活動を通して緩やかなつながりを保っていたし、各人の作品は多くの読者をもっていた。朝日新聞に長期連載コラム『夕陽妄語』を寄せていたこともあってか、この9人の著名な知識人の中でも特に広く読まれた加藤は、小森とも親しく、二人はその鋭い文学的見識のみでなく、一九六八年のチェコ事件の体験も共有していた。元日本ペンクラブ会長で非常に人気の高い劇作家だった井上もまた、夏目漱石の作品に関するラジオプログラムや文芸雑誌『すばる』での「座談会昭和文学史」などを通して、「九条の会」の結成以前に小森や加藤、大江、小田等と一緒に仕事をしていた。三木の参加は、彼女が自民党選出の元首相夫人であったことから、「九条の会」の可能性を広げるうえで重要だった。彼女は、「新しい歴史教科書をつくる会」が二〇〇一年に出版した歴史教科書に反対する運動において大江と一緒に活動しており、ここには小森も参加していた。梅原の参加もまた、「九条の会」を、特に梅原以外の「呼びかけ人」をマルクス主義に共感的だと見て警戒心を抱くような人々に対しても開かれたものにするためには重要だった。井上同様、梅原も元日本ペンクラブ会長で、多くの共著者や独自の読者をもっている。最後に、奥平は、「表現の自由」研究の第一人者であり、何世代もの日本人研究者に加え、ジョン・ダワーのような著名な外国の学者をも啓発した憲法学者だった。彼はまた、自由人権協会の評議員も務めた。このようにして、九人の著名な知識人は、様々な「弱いつながり」(Granovetter 1973)を通して、第九条と日本国憲法を守るために「九条の会」の名のもとに結集した(図1)。

「事務局」の面々もまた、「九条の会」の設立のために協力することで、それぞれが関わってきた運動組織とそのネットワークを持ち寄ったことになる。事務局長の小森陽一は、東京大学大学院で教える著名な日本近代文学者で、特に夏目漱石研究で知られる。プラハで幼少期を過ごしたマルチリンガルでもあり、チェコ語、ロシア語、英語、日本語に精通している。詩人の母と元日本共産党幹部の父を持ち、彼自身も政治的に革新的で、数々の平和的・教育的市民運動の先頭に立ってきた。小森と同様、渡辺治も一橋大学の名誉教授で、政治経済が専門だ。日本民主法律家協会の前理事長でもあり、政治的に革新的で、日本共産党とのつながりも強い。高田健は、いわゆる中立的市民活動家で、無党派の厚い信頼を得ている一方、特定の政党、特に共産党と関わることは避けてきた。しかし、特に二〇〇〇年代初期に展開された教育基本法

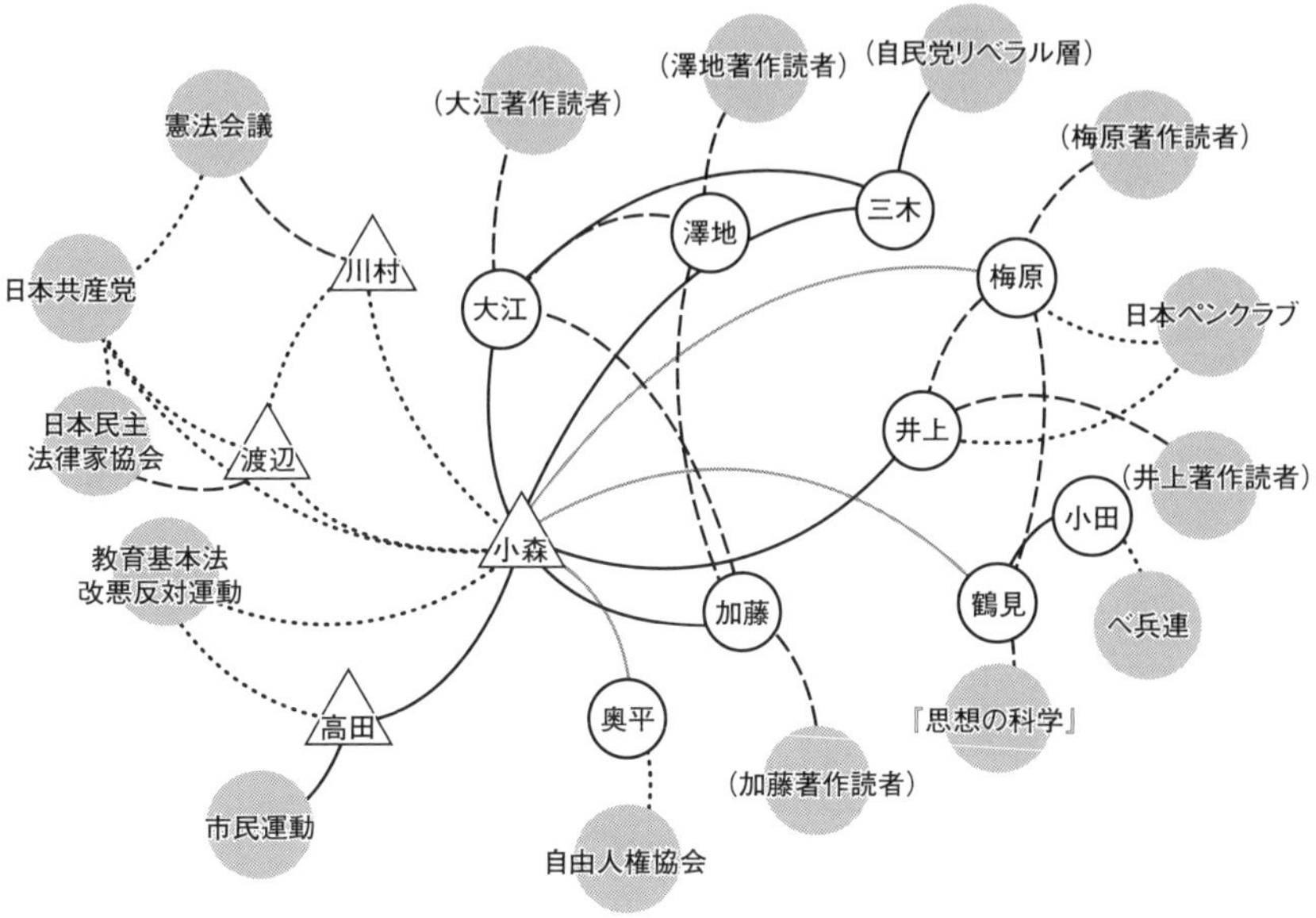

図１　最初の「九条の会」の形成

*ノードの形状は役割を表す。○は呼びかけ人、△は事務局員、●は各人が2004年以前からつながりを持っていた団体や組織。

**エッジの形状はつながりの種類を表す。━━━は私的なつながり、‐‐‐‐は職業上のつながり、………は組織的なつながり、═══は最初の「九条の会」への直接的招待によってできたつながり。

の改悪に反対する運動では、小森と密接に連携した。彼は近年の安全保障法制に反対する運動を組織する上でも中心的役割を果たしている。対照的に、川村俊夫の憲法会議は文字通り憲法改悪を阻止することを目的とする組織で、共産党とのつながりも強い。

このようにして、それまで党派と無党派を隔ててきた壁を越え、各界のリーダーたちが集まり、「九条の会」という一点共闘の運動をつくりあげた。このことが、以下に見るように、日本国憲法によって保護されてきた広範な支持者を「九条の会」が巻き込んでいく、初めの一歩であった。この観点からいえば、最初の「九条の会」の設立そのものが、すでに一つの到達であった。会の結成は、それ以前には似通った問題意識にもかかわらずばらばらに活動してきたグループや個人を結集することに成功したのだ。このこと自体が、日本国憲法第九条の求心力と、それへの二〇〇〇年代初頭の攻撃に対し、日本人が感じていた危機感の強さを表している。

最初の「九条の会」をとりまく知識人ネットワークの形成

この最初の「九条の会」を取り巻くようにして、様々な個人やグループからの熱烈な支持が寄せられはじめる。活動開始から一年足らずの間に、「九条の会」のニュースレターは、一〇〇〇人を超える個人が会の趣旨に賛同の意思を示したことを伝え、そのリストを掲載した。中には、「京都の一八人の宗教家」がグループとして賛同し、個人名を連ねたものもある。賛同者の多くは、大学教授、医師、作家、科学者、芸術家、俳優、宗教団体の長など、日本の社会的文脈において高い地位を占める個人だった。運動の目的が、第九条に対する政治的挑戦に対抗することにあると明確に打ち出した最初の「アピール」が、広く共感を集めたのは明らかだ。

ニュースレターに掲載された個人名は、それを見ただけではその個々人やグループの間のつながりは分からないが、これらの個々人やグループと、九人の「呼びかけ人」と五人の「事務局」員で構成される「九条の会」との間につながりができたことを示すものだ。これらの知識人たちが表明した即座の支持は、彼らの「九条の会」の目的に対する共感の強さを示唆している。九人の「呼びかけ人」が発揮したリーダーシップは、それ以前には静寂を保っていた賛同者たちが、ついに行動を起こすためのタイムリーな刺激となり、たくさんの新しいつながりをつくりだした。

社会ネットワーク研究の用語を使えば、最初の「九条の会」と賛同者たちの間につくられたつながりは、「星型ネットワーク構造」(a star network) をしていると言えよう。言い換えれば、「九条の会」を共通の中心点としてつながり、それを取り囲むような形をしたネットワークが、日本の親憲法派知識人層によって構成されたということである。さらに、このことは、潜在的な賛同者(地域の指導者たち)の集団や、その集団を中心に形成される、星型もしくは車輪(wheel)型のネットワークが、最初の「九条の会」を取り囲むようにして無数に形成されていった可能性を示唆する。最初の「九条の会」は、その結果として、多種多様な「九条の会」の「交通整理係」になっていった。この過程と連動して、全国に〝草の根の〟「九条の会」がつくられはじめていた。

草の根の「九条の会」の形成

自ら「九条の会」の立ち上げに参加した人々の多くは、「九条の会」ができなくても、「第九条と日本国憲法を守る」という一点に結束することは、まさにその時自分たちがやろうとしていたことだったと口を揃える。二〇〇〇年代初頭、彼らの多くは政府の憲法改悪を押し通そうとする試みに警戒感を高めており、対抗する準備をはじめていた。ちょうどその時に最初の「九条の会」のアピールが発表され、それは彼らの心情にぴったりと沿う内容だった。こうして、最初のアピールの発表が、既存のグループに新たな行動の機会をもたらした。この過程から、「九条の会」のネットワークの急拡大が上からの力で起きたものではなく、自発的な発展だったことがわかる。三〇〇〇を超える「九条の会」が最初の「九条の会」の結成から一年以内に自発的に立ち上げられたということが、その証拠だ。筆者が現地調査のために来日した二〇一一年の時点では、草の根の「九条の会」の数は七五二八に達していた（表1）。

この展開は、最初の「九条の会」のメンバーにとってさえ驚きだった。「九条の会」事務局長の小森陽一によると、それは計画されていたことではなく、市民からそのような反応がか

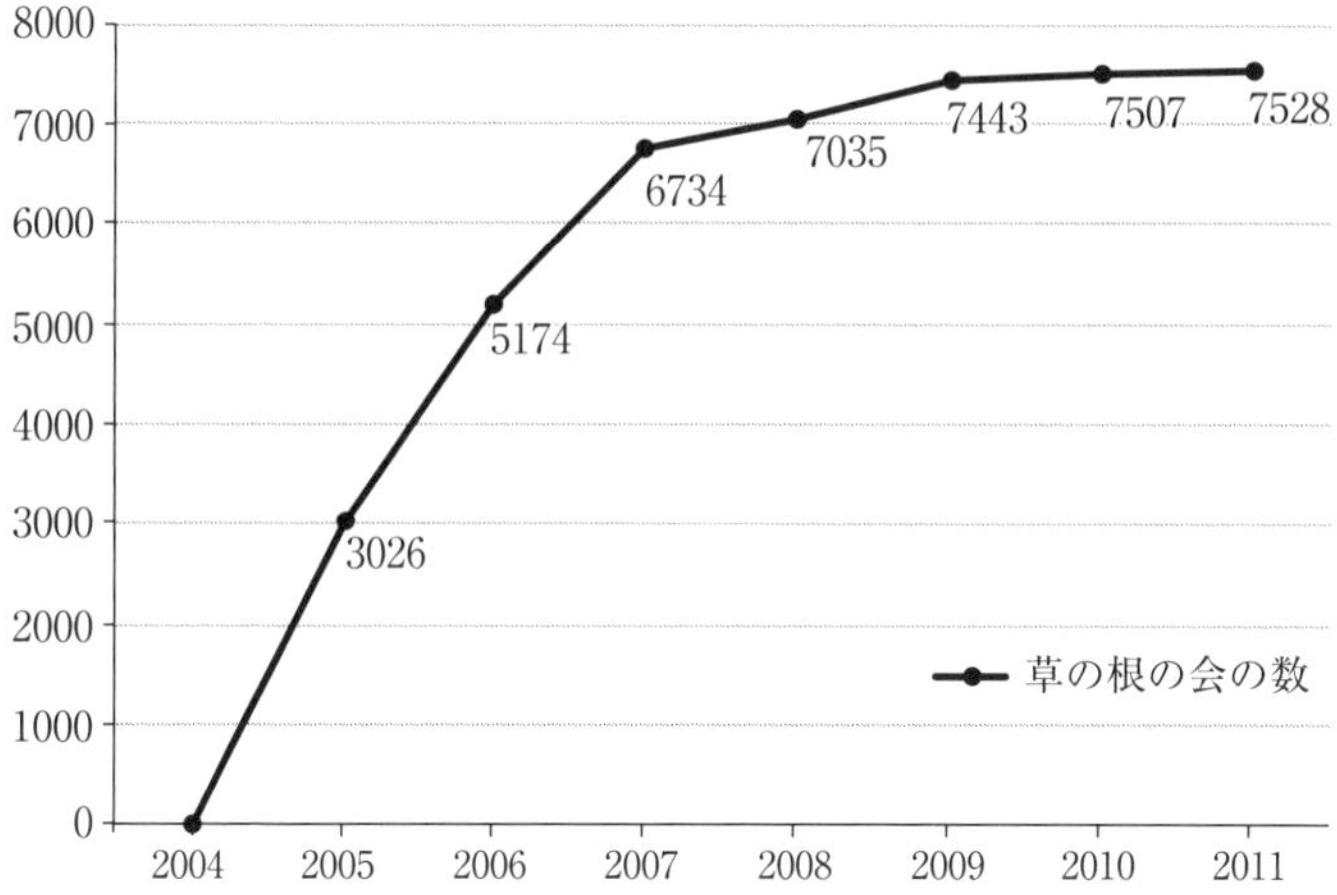

表1　草の根の「九条の会」の増加（「九条の会」資料をもとに筆者作成）

えってくるとは誰も予想していなかったという。つまり、「九条の会」の運動を創めた者たちも、こんなにも大勢の人々が、このような自主的な行動をとるとは予測していなかったのだ。これら草の根の「九条の会」が日本社会の様々なレベルや単位――地域、職場、趣味のサークルや大学など――で作られたことも特筆に値する。さらに、地域の会は、隣近所、町、区、市、そして県のレベルでもつくられていった。この節では、これらの草の根の会が形成されていった典型的な過程について記述し、これらの会の多くが、これまで培われてきたそれぞれの個人の間の社会的つながりをもとにしてつくられていったことを明らかにする。

地域の会

知識人のネットワーク形成と並行して、数多くの地域社会の中で、人々は自らの「九条の会」をつくりはじめていた。日本の地域社会には、たいてい「地元の名士」といわれるような、比較的高い社会的地位や自治活動への貢献によって、その地域ではよく知られている人々がいる。このような人々は知り合い同士であることが多く、そのようなサークルには、地域活動を主導して、住民の参加を促す役割を期待することができる。実際に、多くの草の根の「九条の会」も、このようにしてつくられた。

約三八〇〇世帯の暮らす、京都・御室の「九条の会」を立ち上げに加わった人物は、筆者のインタビューに以下のような説明をしてくれた。

初めは、岩井忠熊先生（立命館大学名誉教授）の奥様に、私たちの「九条の会」をつくるのに呼びかけ人にならないかと誘われたんです。八人で始めたんですけど、八人では少なすぎると思ったので、色々なつながりのある方に声をかけて回って、最終的に一七〇人の方が呼びかけ人になってくれました。それから会の結成集会を開きました。

これは地域の草の根の会の形成過程としては典型的な例である。つまり、初めに、「九条の会」の目的に賛同する地元の名士が主導して、彼らの周辺から支持を集める。そして、この中心となるグループのメンバーが、それぞれの社会的つながりを通じて志を同じくする人々に声をかけていく。御室の場合、先の説明をしてくれた人物は元教師で、岩井教授とはご近所同士、よく地域の活動に一緒に参加していた旧知の仲だった。彼らの会の初めのメンバーには、医師、伝統工芸匠、数名の元教師が含まれていた。公立小中学校の元教員たちは、地域社会に広く根を張っていることが多く、彼らの社会的サークルは、多様な職業や人的物的資源をもつ住民たちを含んでいる。

「藤沢九条の会」という、神奈川県藤沢市にある地域の草の根の会も、同じような過程を経てつくられた。九人の〝公共的知識人〟(public intellectuals) が二〇〇四年六月に「九条の会」の結成を宣言した当初、藤沢市内で活動するいくつかの市民グループは、GHQの憲法委員会のメンバーであり、日本国憲法に女性の権利条項を書き込んだことで知られるベアテ・シロタ・ゴードンの物語、「真珠の首飾り」のアマチュア劇を合同で上演するための練習を重ねているところだった。「藤沢九条の会」のメンバーの一人によると、この劇の目的は、「平和を守るために、平和について考えること」にあった。「九条の会」の設立を受け、彼らは、劇上演プロジェクトを通して培われた信頼関係をもとに、自らの地域でも「九条の会」をつくることができるかもしれないと感じた。劇上演プロジェクトに取り組む間、この会の中心的メンバーは、プロジェクトを支援してきた人々に、「九条の会」という新たなプロジェクトに加わらないかと持ちかけた。そして、劇上演プロジェクトが成功を収めてから半年後、「藤沢九条の会」が結成された。「藤沢九条の会」の中心的メンバーには著名なエッセイストや前議員などの他、その地域で活動してきた平和運動団体も含まれていた。これらのグループは、過去にも産業汚染に反対するキャンペーンや市長選挙、市議会議員選挙など、様々な地域の課題にともに取り組んできた。このように、「藤沢九条の会」では、以前から存在していた市民グループが組織者（organizer）の役割を担い、新しいプロジェクトとして「九条の会」を立ち上げることを通して、既存のネットワークを拡大した。

福島県会津若松市にある「西栄町九条の会」は、子どもたちの学校のPTA活動を通して友人関係となった女性たちのグループによってつくられた。中心的メンバーの一人は、地域の教会に前牧師の長女として生を受け、成人後に現牧師夫人となって生家へ戻ってきたという、珍しい経歴の人物だ。当時、彼女と彼女の友人たちは、自衛隊の海外派遣などに危機感をもち、安倍政権の憲法改変の動きに不安を感じたため、子どもたちの通っていた高校で教えていた元社会科教師に、これらの問題について教えてほしいと依頼した。最初の「九条の会」が設立の記者会見を開いた時、彼女らも自分たちの集まりをこの会の一部とするべきだと思い、「西栄町九条の会」と名乗ることにした。西栄町のような小規模近隣社会では、伝統ある教会が社会的に中心的な役割を担うこともありえるが、この若松西栄町教会は、そのような教会の中でも特別な例である。前牧師と現牧師の両者ともが、地域の自治活動に積極的に関わってきており、隣接する高校の生徒たちにロックバンドの練習やコンサートの会場として教会を提供するなど、地域の子どもたちの世話役も買って出ていた。同教会はまた英語のクラスも提供しており、クラスは牧師夫人が担当した。「西栄町九条の会」は、毎月の学習会をこの教会で開いている。

キリスト教会としての信仰から、彼らは平和の教えを基本的な目的とみなしていた。また、教会の活動は地域の住民にも影響する。このように、「西栄町九条の会」は、特殊な施設をもつ地域の草の根の会である。

これら三つの地域の事例が示すのは、日本には地域活動に長い間取り組んできた、強いつながりをもつ人々のグループが無数に存在し、彼らは機会が生じればいつでも起動しうるということである。ここでも、一九五〇年代以降に起こった無数の小さな運動から受け継がれてきた遺産の存在を想定することができる。しかし、これは必然などではなく、そのような関係を維持するための日々の努力の結果である。なぜなら、運動への参加は、その理論的根拠が発展し演出される文脈とネットワークに固有のものであり、参加のための動機は絶え間ない更新を要求するものだからだ（Snow et al. 1986：486）。

以上の三つの地域の会が「九条の会」以前から存在する社会的つながりを通してつくられた例であるのに対し、「九条の会」としてのつながりを通してつくられた会もある。寺社や歴史遺産の多い伝統的な町、神奈川県鎌倉市内にある「大船地域憲法九条守る会」はその一つの事例である。大船の会は、市内に点在する草の根の会の一つだ。この会は、先につくられていた「鎌倉九条の会」の参加者の一部が、より小規模の会をもう一つつくろうと決めたことからできた会である。大船地域に住む、元テレビ局プロデューサーや退職教員、数名の市民活動家、元労働組合のリーダーなどが立ち上げに加わった。鎌倉市には著名な文化人が多く、「鎌倉九条の会」は彼らを呼びかけ人とすることができた。最初の「九条の会」の呼びかけ人でもある井上ひさしもその一人だ。

また、「大船・九条の会」の事例は、草の根の会の形成におけるもう一つの重要な側面を提示している。それは、一つの会の中での意見の相違が、一つかそれ以上の新たな草の根の会を生むことがある、ということである。大船の会の設立メンバーによると、この会をつくることにした基本的な動機は、「九条の会」の、「全国津々浦々」に「九条の会」をつくろうという初心を、積極的に推進していこうとしたことにあったという。しかし、まさにこの根本的な考え方において、大船の会を立ち上げたグループと鎌倉の会の主導者たちの間で意見の相違があった。鎌倉の会を主導するグループは、鎌倉市には鎌倉の会一つがあれば十分という考え方だった。それでもやはり、「九条の会」は、中央からのコントロールのない、自主的な運動である。大船グループは、鎌倉の会から公式に離脱したりする必要もなく、ただ自分たちで新しい会を立ち上げればよかった。これは、新しい会の形成は、それ以前からある会の分裂を必ずしも意味しないということである。こうしてたくさんの草の根の会が市内につくられていったが、それぞれの会がその活動をつくるための人的物的資源を見つけてくることができたという点も特筆に値する。

これらの事例は、草の根の「九条の会」は、社会の中の様々な場所で、様々な種類の、弱いつながり、強いつながりの両方に基づいてつくられていったということを示している。メンバーをその会に結びつけたつながりは、その強さも、またその起源も様々だ。ほとんどの場合、他の社会的設定において活発に動いてきたアクターが、「九条の会」をつくる際にも主導的な役割を果たしている。言い換えれば、これらのリーダーたちは、各々の社会的つながりを、「九条の会」として再編成する決断を、どこかの時点で下したのである。この点については、この節の終わりで再度議論する。

一度つくられた会は、構成人数、彼らの背景、社会的、文化的、政治的環境など、その条件によって様々な方向へ発展していく。しかしながら、多くの会で共通して強調されることは、「すべての活動における民主的な運営」である。典型的な「九条の会」の会議は、メンバー以外も含め、すべての人が参加できることになっており、会の大きさによっては一時間以上続くものもある。これは、「その決定に皆が納得のいく」まで平場で議論することが、参加者にとって暗黙の了解となっているからだと、退職後にボランティアで、ある「九条の会」の事務局を担当している元労組委員長が説明してくれた。民主的な平場での議論は、日本の社会運動の活動において常識になっているが、これは、特に労働組合活動など、それぞれの分野での活動を通して活動家たちが学んだ教訓であり、また、無数の小さな市民運動で構成される日本の「見えない市民社会」（Steinhoff 2012）も、議論を通じた合意に基づく運営を心がけている。

地域の「九条の会」の活動には、署名や集会などの伝統的な社会運動のレパートリーの他にも、「街頭宣伝」という、拡声器を持参して駅前や街頭などに立ち、特定の問題について公にむけて訴えたり、通りすがりの人にチラシを手渡したり、署名するように促したりする実践もある。多くの会が実践している活動の一つに、「九の日宣伝」というものがあるが、それは、会のメンバーが毎月九のつく日に（九日だけのところもあれば、一九日や二九日にも行う会もある）看板やポスターを持って地元の駅前に立ち、第九条の大切さをアピールする活動である。ほとんどの場合、地域の会は独自に活動内容を決め、会のメンバーのスケジュールに合わせて計画を立てる。「民主的運営」が参加者の結束を固めるための戦術だとすれば、街頭宣伝や署名活動は外渉活動の一つだと言える（そして、参加者はこのような活動を通していっそうグループの結束力を高めていく）。

例えば、前出の京都の「御室九条の会」では、市内の色々な活動に参加する傍ら、署名活動に集中してきた。彼らは初め、たくさんの人が往来する地域のスーパーマーケットの前で署名を集めていた。しかし、しばらくすると、その場所ではいつも同じ人にしか会わないということに気づいた。そこで彼らは、御室地区の全戸を訪問し、地区の全住民から署名を集めることに決めた。御室には約三八〇〇の世帯がある。毎週末、会のメンバーは、手分けして一〇〇軒を回り、すべて回り終えるのに二年半かかったという。

御室地区の各戸を訪ねながら署名を集めている間に、署名してくれた人々に参加を呼びかけることで、御室の会は賛同人を一七〇人から二五〇人に増やすことができた。あるメンバーの説明によると、各戸訪問方式の署名活動を始めた当初は、事前通知なしにただ訪問していたが、何軒かの家はいつ訪ねても留守だった。そのため、以前参加した「九条の会」の交流会で聞いた方法を試してみることにした。それは、各戸訪問の事前にその旨を通知するチラシをポストに入れておくという方法だった。そうすれば、もし住人に会えなくても、その住人は少なくともチラシを読んでくれるだろうと思ったからだという。このように、地域の会は、他の会の活動から有効な方法を学び、自分たちの活動に生かしている。

地区の全戸訪問という目標を成し遂げた御室の会は、また他の方法で署名活動を続けていった。御室の会のメンバーは以下のように語った。

私たちも初めはそんなことができるなんて思っていませんでした。でも、一度始めてみると、雨の日はお休みしたとしても、続けることができて、半年前にはそれが終わったんですね……それで新しい活動を始めました。仁和寺とか、有名なお寺の前で、そのお寺に観光に来る人とか修学旅行の学生さんに話しかけています。一時間で五〇筆署名が集まることもあれば、一二筆の時もあったり……色々ですね。学生さんの中には「九条ってなんだっけ?」という子もいますが、私たちがその意味を説明すると必ず署名してくれますよ。先生の中には「彼らは勉強中です」というような方もいますけど、そういう時には私は「これも勉強です」と言うんです。

署名の他には、講演会の開催も、地域の会の間でよく取り組まれている活動である。しばしば地域の会は、専門家を呼んで、戦争と平和、憲法、最近の社会問題など、第九条に関係するテーマで講演してもらう。例えば、御室の会では、『子どもの権利手帳』を編集した若い弁護士を招待して、「憲法を読む会」というイベントを開いた。主催側は初めこの若い弁護士が「九条の会」のメンバーかどうかは知らなかったが、彼女が医者やその他の人々と一緒にこの手帳をつくったことは知っていた。このように、地域の会の活動は、関連領域の人々を繋げ、新しいネットワークを生み出す。

会津若松の西栄町の会は、写真など様々な形態の作品を集めて、教会で「平和展」を開催してきた。それは、定期勉強会とともに、この会の主な活動だった。しかし、予期せぬ出来事が会の活動に影響することもある。二〇一一年三月の原子力発電所の事故は彼らの住む福島県内で起こり、内陸側に位置する小さな歴史の町会津若松は瞬く間に危険地域からの避難先となった。特に、西栄町教会はすぐに避難者でいっぱいになった。会はまた、放射性物質の拡散を懸念する近隣住民の拠り所となり、その後すぐ、福島の現実を伝える反原発の活動をはじめた。

さらに広い文脈では、地域の「九条の会」によってつくられたネットワークが、被災地から各地へ避難した人々を助けることにもなった。原発事故の後、和歌山県に避難したある西栄町の会のメンバーは、彼女が最も辛く、孤独を感じていた時に、避難先の地域の「九条の会」に助けられたという。避難先の地域の会は、彼女を招いて震災後の福島の経験を共有するトークイベントを開き、彼女が自身の経験を振り返る機会をつくり、同時にそのことによって、「九条の会」の活動と反原発運動との間に、草の根のレベルでの重要なつながりをつくりだした。

このような、細部に注意しながらの会の活動は、特に運動の生起の活動中心的かつ過程的性質を軽視する観点からは、退屈なものとみなされるのかもしれない。しかし、これは社会運動グループがその活動を維持するためには必要なことなのである。実際、社会運動への継続的な参加は、内的、外的両面の継続的な対話と励ましを必要とするし、感情的、理論的両面において参加し続けるためには、日々の活動が必要なのである。

職業別の会、職場の会

地域の草の根の会の他には、職業に基づいた草の根の「九条の会」も存在する。京都には、佛寺を中心とした宗教コミュニティの中につくられた会がある。真宗大谷派本山の東本願寺は、会の結成にあたり、宗派全体に呼びかけて、「真宗大谷派九条の会」を立ち上げた。京都には様々な宗派の佛寺があり、宗教指導者によってつくられた「九条の会」は、他にも浄土真宗本願寺派（西本願寺）関係者で作る「念仏者九条の会」等がある。おそらく「念仏者九条の会」だけではないだろう。また、金閣寺銀閣寺の住職である有馬頼底は、（第3章で取り上げる「クリアリングハウス・チャプター」の一つである）京都の府レベルでつくられた「九条の会」の呼びかけ人だ。有馬頼底は二〇〇四年の「九条の会」の初めのアピールに賛同した「一八人の宗教者」のうちの一人でもあることから、有馬以外の一七人も、それぞれが少なくとも一つの「九条の会」には関わっている可能性が高い。

筆者のインタビューに答えてくれた東本願寺の関係者は、宗教的権威でもある大谷派として第九条に対する立場を明らかにすることは、宗派に属するすべての僧がその旨に同意することが初めの一歩だったと語った。各僧の個人的な立場とともに、組織として平和に対する宗教の役割をよく考える意思をもったことが、大谷派の行動決定にとって重要だった。仏教組織としての大谷派の存在は、この会の設立の基礎だった。しかし、組織的基盤があることが自動的に「九条の会」の形成を意味するわけではない。組織のリーダーたちが、全大谷派の名において政治的行動を起こすという決断をしなければならなかった。同様に、既存の組織やグループに基盤をもつ多くの「九条の会」にとって、会の設立を決めることとは、彼らの元々のアイデンティティを構築し直すことを意味し、そのこと自体が大きな一歩なのである。

「映画人九条の会」は、映画産業で働く人々で構成される会である。この会の組織的基盤は、映画演劇労働組合連合会だ。会のメンバーには、著名な映画監督やアニメ映画の監督が何人も含まれている。彼らの会の企画はたいていい、平和やその他の社会問題に関連する映画を上映し、それについて観客とともに議論する形式をとる。組織活動に精通していて経験もある組合員がこのような企画を主導することが多い。

教師たちも、職場である学校に多くの「九条の会」をつくった。これらの会の多くは、政治的所属を異にする二つの主要教職員組合の垣根を越えて形成された。さらに、これらの会のメンバーには、組合員でない教員もいる。日本の他の労働組合と同様に、日本の教職員組合は、一九八九年のナショナルセンターの分裂に伴い、二つに分かれた（Aspinal 2001）。しかし、それ以降も、異なる組合に属する現場の教員たちは、彼らの教員としての日常において切迫した課題を克服するために協働してきた（Iida 2008）。その経験を通して、教員たちは協力して活動できる土台をつくってきており、そのことが職場の「九条の会」をつくることとの基礎となった。これら教職員のつくった学校の中の草の根の会は、一方で、市や県のレベルでの「教職員九条の会」のネットワークを構成する。このように、組織レベルでのネットワーク的過程は、個人レベルのネットワーク的過程とは切断不可能であると同時に独特のものである。

どのようにして、彼らは、数々の対立を横に置き、「九条の会」をつくるために、既存の境界を越えることができたのだろうか。彼らの多くが抱える、矛盾する利害や責任にもかかわらず、これらの組織のメンバーたちが「九条の会」に参加する動機はどこにあるのだろうか。これらは、過去に対立を生んだ課題と結びつけずに、第九条のみに焦点を絞った、「九条の会」の初めのアピールの成果を明らかに見てとることのできる事例である。また、最初のアピールは、第九条を守ることを要請されている日本の主権者一人一人による、個人としての参加を呼びかけてもいる。これが、特定のグループや政党に所属することがもたらした、過去の（または将来もたらされるかもしれない）しがらみとは無縁の参加を保障した。社会のあらゆるレベル（属性／段階）からの参加は、このようなフレーミングの努力が良い結果に結びついたことを明示している。

大学の会

「九条の会」は大学のキャンパスにも存在する。教授が主導した活動に彼らの学生が興味をもち、両者が共同している事例もあるが、学生が独自に会をつくっている事例もある。また、教授の会と学生の会が共存している大学もある。例えば、中央大学には教授の会と学生の会の両方があるが、同学の場合は、教授たちが学生と一緒に活動することを嫌がるのだという。筆者とのインタビューの際、同大学の教員が説明したところによると、教授の中には「盛り上がりすぎる傾向にある」学生運動には巻き込まれたくないという思いがあるという。この発言も、一九六〇年代後半の学生運動の遺産である。一方、慶応大学には「ＴＡＰ（Talk About Peace）９」という学生の会のみがある。二〇一二年当時、慶応大学の学生一三人以外にも、早稲田大学や横浜市立大学などの学生も「ＴＡＰ９」に参加していた。この事例が示すように、「九条の会」に参加したいと思う学生は、自分たちの会だけでなく、他の大学の会に参加することもできた。

学生が自分の大学のキャンパスに「九条の会」をつくることには困難がつきもので、そう簡単にできることではない。「ＴＡＰ９」のメンバーは、慶応大学当局は彼らの活動に対してあまり友好的ではなかったと説明した。

大学構内の掲示板にチラシを貼ったり、会議や、例えば講演などの他のイベントのために教室を使う許可を得るには、大学から「サークル」として公認されなければなりません。でも私たちの会はまだ公認を取れていないので、チラシを貼ることができません。教室を使いたい時には、協力的な先生に頼むことにしています。

国際基督教大学（ＩＣＵ）にも学生の会がある。ＩＣＵには教授の会はないが、学生の会が声をかけて賛同人になった教授はいる。この会を立ち上げたメンバーによると、「ピースナイトナイン（Peace Night 9）」というイベントに参加したことがきっかけで、自分たちの会をつくることにしたという。ピースナイトナインというのは、「東京学生九条の会」という、都内の複数の大学にある学生の会がつくっている連絡会（クリアリングハウス・チャプター）の企画である。

慶応大学の「ＴＡＰ９」のメンバーによると、「東京学生九条の会」には、早稲田、明治、青山、和光、東洋、東京の各大学の会が参加しているという。また、日本大学や中央大学理工学部など、東京都千代田区にある大学・学部の会が作っている「千代田学生九条の会」など、区レベルの会もある。このように、学生の「九条の会」への参加は流動的で、自分たちのキャンパスに会をつくるものもあれば、他の大学の会に参加するものもある。さらには、他にどうしようもない場合などは、キャンパスの会には所属せずに、連絡会（クリアリングハウス・チャプター）に飛び入り参加をするものもある。

他にもインタビューを通して明らかになったことは、各キャンパスに独自の「九条の会」をつくることを主導した学生のほとんどが、他の社会的活動にも活発に参加していることだ。筆者のインタビューに答えてくれた九人の学生のうち六人が、日本共産党を相談相手とする青年組織、民主青年同盟（民青）のメンバーでもある。とはいえ、彼らのうちの一人によると、「民青はただの仲良しグループではない」のであり、民青のメンバーであることが「九条の会」に積極的に参加する唯一の理由ではない。この学生にとって、「九条の会」に参加するようになったきっかけは、原水爆禁止世界大会で被爆者の話を聞いた時に、被爆者から、彼女らが被爆者の話を直接きく最後の世代になる、と言われたことだった。このことに、自分の世代が彼らの話を次世代に語り継いでいくためには何ができるだろうかと考えさせられたという。自身も若い時に民青の活動家だったという中央大学の教員も、「民青のメンバーが全員九条の会に関心をもつかというと、そうでもない」と語った。

一方で、民青のメンバーではない学生のうちの一人は、大学受験のために通っていた学習塾の英語の小論文のクラスが、社会問題に興味をもつきっかけだったと回想した。このクラスでは、原発や貧困など、様々な社会問題についてのドキュメンタリー映画をみる機会があった。

いかにして自分の考えを英語の小論文にまとめるかを教える中で、彼女の塾の講師は、彼女が見たり聞いたりすることを批判的に捉えなければならないと教えた。大学に入ると、彼女は同じ塾の出身で、彼女の大学の「九条の会」を仕切っている先輩に出会った。彼女もすぐにこの会で活動を始め、「学生にとって魅力的な」イベントを企画した。彼女の会では、イラクを専門領域とする人道活動家の高遠菜穂子を呼んで話を聞く企画をもったことから、彼女や同級生たちはイラクの人権問題への関心を高めていった。そして、高遠の助力で、イラクの大学生とスカイプを通して会議をもった。この学生は、「実際に戦争の中に生きているイラクの人々と友達になったことが、自分たちのこの問題に対する見方を完全に変えた」という。二〇一一年の福島の原発事故の後には、環境エネルギー政策研究所の飯田哲也を招待し、原子力発電所問題を議論した。彼女は、「九条の会」に関わったことが、彼女の人脈が広がった理由だと感じている。

「九条の会」の活動に関わらなければ、こんなに広い人脈をもつことにはならなかったし、色々な社会問題に関心をもつようにはならなかったと思います。私は、こういう問題について知ることができた者として、これらの問題に取り組む責任を感じます。「九条の会」としては、存在するということ自体に意味があると思います。もうすぐ卒業するので、後輩には「とにかく無くすな」と言っています。

これらの例は、社会活動に積極的に参加していることや、もしくは既存の組織のメンバーであることは、必ずしも若者が「九条の会」に参加する前提ではないということを示している。事前の経験や資源をもつ者は、既存のつながりを通して新しい活動につながりをもちやすい位置にいることは確かだ。それでもやはり、新しい運動に参加するには、社会運動につながりをもつ個人であっても、ある時点で、自分のもつ社会的つながりやその中での位置を再構築したいかどうかを判断しなければならないし、そのうえで、これらを新しい機会に相応しいように再構成する作業をしなければならない。

趣味の会

趣味に基づいてつくられた「九条の会」も存在する。「九条の会」のニュースレターによると、「登山愛好家九条の会」や「釣り好き九条の会」などがある。調査では、「キルトで九条」という会のメンバーで、自宅のある地域の草の根の会のメンバーでもあり、神奈川県のクリアリングハウス・チャプターの事務局でボランティアをしている女性にも会った。彼女は趣味のキルトを活かして第九条の条文を縫い込んだ大きなキルトを作製しており、筆者とのインタビューの際にはいくつもの作品を見せてくれた。英語、仏語、韓国語等でも作り、海外で展示会をしたこともあると話してくれた。また、映画好きが集まってつくられた会のメンバーにインタビューをする機会もあった。この会のメンバーのほとんどが一つの地域に住んでいるが、会の活動はメンバーの好きな映画を観て、それを平和について考える入り口にするというもので、それは明らかに趣味を中心に据えた会だった。

長年の友人同士で立ち上げた会もある。この会のメンバーは、どのようにして彼らの「九条の会」を立ち上げたのかを、以下のように説明してくれた。

> 私たちは長年の友達で、よく集まってはどうでもいいような昔の話をしていました。でも、二五、六年前に、もっと意味のあることを話すことに決めたんです。例えば戦中の経験とか、退職したら突き当たるだろう問題とか、そのために何ができるかとか。それで、二〇〜三〇人の友達が集まって、初めは「山猫軒シンポジウム」という勉強会を始めました。その後で、「九条の会」のアピールのことを知って、「憲法九条メッセージプロジェクト」を立ち上げることにしました。

この発言から明らかなのは、以前からある友人たちのグループや趣味仲間が、自分たちのグループを意識的に「九条の会」につくり変えたということである。

このようにして、幾重にも重なりあい、時にはメンバーが重複する草の根の会の建設の過程は、日本社会を縦横無尽に走る網の目のような構造を表出させる。日本社会のあらゆるレベルにおいて、一見唐突な運動が次々と立ち上がる様子は珍しい現象であり、一体なぜ、そしてどのようにして、このような爆発的な発展が可能だったのかを考えさせるものである。この疑問への答えの鍵となるのは、国内に点在し、しかし市民社会の内部に深く沈み込んでいた、既存の市民グループと、彼らの個人的ネットワークである。これらの人々のグループが、様々なレベルでの個人的ネットワークを、「九条の会」につくり変えることを決めたのだ。地域では、社会的に活発なメンバーが、彼らの個人的なつながりを再構築して会をつくることを主導した。宗教指導者たちは、社会における宗教の役割を考え直し、宗派の名のもとに「九条の会」をつくることで、第九条をもつ平和憲法に対する彼らの支持を表現した。労働組合は、憲法と第九条支持の意志を発信し直すことを決め、所属組合の政治的垣根を超えた新しい集団をつくった。大学では、教授たちと学生たちが、彼らの同僚たちを「九条の会」として再編成した。そして、友人たちのグループや趣味仲間たちは、彼らのグループの目的を拡張し、社会的政治的議論の場をつくり、それを「九条の会」と呼んだ。参加者による既存のつながりの再構築が、これほど大きな「九条の会」のネットワークを短期間で生成させた過程を知る鍵である。既存のグループや組織のリーダーたちによる積極的な決断が、この過程の第一歩となった。

イベントを通した会と会のつながりの形成

一度つくられると、草の根の会は、近隣の会からその先へと、そのつながりを徐々に拡張していく。「九条の会」は、主に参加者の社会的つながりを通してそのネットワークを拡大してきた。日本では、そしておそらく他の場所でも、社会活動に積極的な人間は複数の社会的グループや組織に所属している傾向にある。日本の左翼の運動においてはこのことは特に顕著であることから、一つの「九条の会」のメンバーになった人は、複数の会に関わっていることがほとんどで、結果として、スタイルや参加者の背景の異なる会に所属することになる。さらに、そのような人は、異なる会の間を行き来することから、これらの会の間の媒介者となる。というのは、個人の自覚のレベルにかかわらず、様々な会に参加することを通して、その人は他の会についての情報を提供し、外部の資源を運ぶ役割を果たすことになるのだ。このようにして、草の根の会は、共通の人間を通して自然にネットワークを形成する。

草の根の会はまた、イベントを共同で企画運営したり、他の会の活動に客人として参加したりすることを通してつながりを形成していく。時折、近隣の会はお互いの資源を利用して、例えば映画の上映会などの、より大きな活動を催す。署名活動など、どこでも数人でできるような簡便な活動に比べて、映画の上映会などの準備は、より多くの時間や資源を要求する——限られた予算で相応しい大きさの会場を予約し、宣伝をし、チケットを売るだけでなく、受付の机、物販のスペース、観客席の用意と、そのそれぞれを担当するボランティア人員の配置などのイベント当日の準備もある。日本の活動家はたいていこれらの活動の経験が豊かである(3)。

こういったイベントを実現するために、地域の会は資源を交換する。活動の中には、専門家へのツテが必要になるものもあるが、そのようなツテがある会もあれば、ない会もある。このような場合には、自分たちでなんとか探し当てることができることもあるが、そうでなければ他の会の持つ資源を活用することもできる。当然、そのためには、誰かがそのようなツテのある他の会を知らなければならない。どこにもあてが無い場合でも、他の会のイベントの告知によって、自分たちの探していたものを見つけることができることもある。他の会が主催するそのイベントに参加すれば、彼らは新しいつながりをつくることができ、彼らのネットワークを広げることができる。このような機会は、新たに獲得した資源を活用して、将来彼ら自身のイベントを開催する可能性をもたらす。

例えば、鎌倉と藤沢を結ぶ江ノ島電鉄線の沿線に住む人々がつくった「江ノ電沿線九条の会」という草の根の会は、共通のメンバーを通してつながりのある近隣の会と共同して、映画の上映会を開催した。この会は、彼らの地域にある戦争遺跡のツアーを開催したこともある。後者の企画を実現するために、この会では他の会のメンバーで、地域の戦争遺跡に詳しい人物にガイドになってもらった。前出の大船の会は、江ノ電のターミナル駅のある鎌倉市内にあることから、彼らは江ノ電沿線の会が主催した映画上映会に協力し、チケットを売るのを手伝い、上映会当日には観客として参加した。それに対し、大船の会が映画の上映会を主催した時には、江ノ電沿線の会のメンバーが協力した。このような各会の間の相互協力関係は、時間の経過とともに発展していき、イベントの参加者が彼ら自身の会をつくりたいと思った結果、新しい会を生み出すこともある。こうした協力関係はまた、アイディアが伝播する経路でもある――特定の鉄道の沿線に会をつくるというアイディアは、元々は東京都内にある「井の頭線沿線九条の会」から始まったものだ。「藤沢九条の会」のメンバーがその存在を知ったことが、江ノ電沿線の会の立ち上げに繋がった。さらに、大船の会は、大船駅がJR根岸線のターミナル駅でもあることから、江ノ電沿線の会との共同関係から得たアイディアを活かし、いくつかの草の根の会からJR根岸線沿線に住む有志を集め、「根岸線沿線九条の会」をつくった。

草の根の会は、例えば県レベルのクリアリングハウス・チャプター（第3章参照）や最初の「九条の会」の主催する（第4章参照）より大規模なイベントへの参加を通して、地理的に遠い会ともつながりをつくっていく。最初の「九条の会」の主催する全国交流集会は、全国から集まった草の根の会がそれぞれの経験を共有し、さらに強靭な運動をつくっていくためにお互いに励まし合う機会を提供する場である。このイベントを通して、無数のつながりが草の根の会と最初の「九条の会」との間に生まれ、イベントの後にはさらに多くの交流がはじまる。

草の根の会は、多くの場合はメンバーの個人的なつながりを通して、様々な問題についての勉強会のための講師を見つけてくるが、この講師が遠くの会やその他の資源への新たなつながりをもたらす場合もある。地域の会や地理的に近い会同士、また関心を共有する職場の会などは、直接、より緊密に連絡をとりやすく、共同の企画などもやりやすい。また、最初の「九条の会」は、例えば憲法、政治経済、平和文学など、領域別に専門的なガイダンスを提供できる「講師」一覧を作成し、草の根の会がそれぞれの企画に応じて呼びたい講師の派遣を要請できるようにした。最初の「九条の会」が希望の講師に連絡をとり、イベントのスケジュールが決まっていく。交渉が成立すると、会は会場をとり、チラシを作り、それぞれの経路を通して講演会の宣伝を始める。通常このようなサービスは、講師が自身の時間を無償提供したものであることから、比較的少額の謝礼と交通費を直接講師に支払うだけで利用できる。

もう一つの特筆すべき点は、京都の御室の会、そして神奈川の江ノ電沿線の会と大船の会のいずれも場合も、退職した教師たちが活躍していることである。事実として、多くの地域の「九条の会」の中心的なメンバーには、元教師がいる。退職した小中学校教師は特に、現役時代には居住地域に強いつながりをもち得なかった元会社員に比べ、より多くの地域的なつながりをもっている。現在草の根の「九条の会」のリーダーを買って出ている元教師たちの地域に根ざしたネットワークは、第九条と日本国憲法への支持を草の根のレベルで広げようという地域の会の目的にとって、大きな力となっている（図2）。

このように、草の根の会は、人と人とのつながり、最初の「九条の会」の用意した共通の組

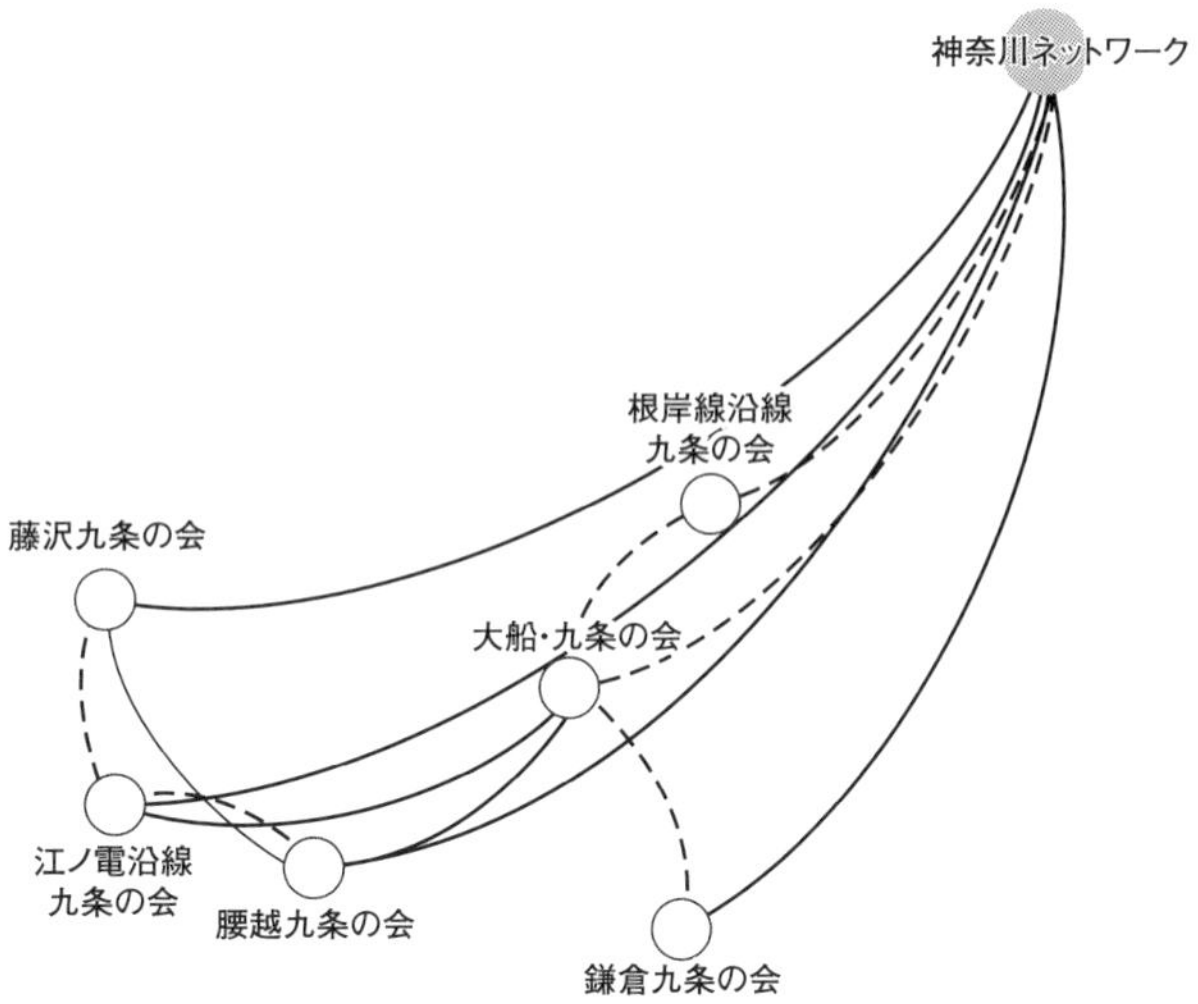

図２　神奈川県内の草の根の「九条の会」の地域的ネットワーク

* ノードの形状は各「九条の会」の種類を表す。○は草の根の会、●はクリアリングハウス・チャプター。

** エッジの形状はつながりの種類を表す。——はイベントを通したつながり、－－－－ はメンバーシップの重複（brokerage）によるつながり。

織的資源、そしてイベントを通して、相互につながっていく。これらの、様々な分析レベルにおいて発生している過程は、現実世界においては重なり合い、絡まり合っている。この章では、草の根の会同士の間のつながりの形成過程を詳細に見ていくことによって、「九条の会」が全体として拡大していった過程を示し、「九条の会」が七五〇〇以上の草の根の会を全国につくるために、どのようなグループや組織が基盤となったのかを示した。この章はまた、特定の草の根の「九条の会」

が、既存のグループの新しい顔であるかもしれないことも示した。つまり、以前から存在する特定のグループが、自分たちのもつ社会的つながりを再構築し、メンバーのもついくつものアイデンティティのうちの一つに焦点を当てることによって自らを「九条の会」とした、ということだ。それでもやはり、これらの結論は、運動の参加者の中で続けられてきた、感情的、そして理論的交流の成果なのである。そしてこの営みは、ほとんどすべての事例において、「九条の会」の結成以前から続けられてきたものなのである。

【注】

（1）九条の会「記者会見での各氏の発言と記者との対話」、www.9-jo-jp/kaiken.html (Accessed May10, 2016)、二〇〇四。
（2）この主題についての詳細は、Sasaki-Uemura, Wesley, *Organizing the Spontaneous: Citizen Protest in Postwar Japan*, Honolulu:University of Hawaii Press, 2001 を参照。
（3）同様の状況については Steinhoff, Patricia G.,"Finding Happiness in Japan'sInvisible Civil Society", *Voluntas* 26, 2015 を参照。

【文献】

Granovetter, Mark., "The Strength of Weak Ties." *American Journal of Sociology* 78:1360–1380, 1973.
Snow, David, Burke Rochford, Steven Worden, and Robert Benford "Frame Alignment Processes, Micromobilization, and

Movement Participation” , *American Sociological Review* 51, 1986.

Steinhoff, Patricia G., “Japan: Student Activism in an Emerging Democracy” in *Student Activism in Asia: Between protest and powerlessness*, edited by Meredith L. Weiss and Edward Aspinall, Minneapolis: The University of Minnesota Press, 2012.

Aspinall, Robert W., *Teachers’ Unions and the Politics of Education in Japan*, State University of New York Press, 2001.

Iida, Yoko, “Beyond the Schism: Teachers’ Unions and the Revision of the Fundamental Law of Education in Japan”, University of Hawaii at Mānoa, 2008.

第3章　クリアリングハウス・チャプター

「九条の会」の運動では、ある特定のレベルもしくはコミュニティの単位において「会」がつくられると、その会のタイプにかかわらず、その会の周辺のより小さな、もしくは大きな社会的単位で、複数の会がつくられていく。つまり、ある特定の県内の多くの市において草の根の会がつくられた時には、それらの会のメンバーは互いに情報交換しはじめたり、共同で活動を組織しはじめたりする傾向にある。そして、コミュニケーションをより効果的にするために、彼らは県レベルの会をつくる。県レベルの会の主要な役割は草の根の会の間のコミュニケーションを促進することであるが、そうすることがまた、「九条の会」の活動を地区や近隣レベルなどの社会の最小単位にまで届かせることの手助けとなる。注記すべきことは、県レベルの会は草の根の会を「統括」するものではなく、むしろ草の根の会との間の水平的な関係を維持するよう努めているということである。県レベルの会は、「クリアリングハウス組織」（Steinhoff 2003）の機能をもつ。しかし、これらの会の多くは、草の根の会と同様に、彼ら独自の活動や予算をもってもいる。いずれにせよ、県レベルの会の主要な機能は、それぞれの県の中で草の根の会の間のコミュニケーションや協力を促進することであるから、本書ではこれらの会を「クリアリングハウス・チャプター」と呼ぶ。

クリアリングハウス・チャプターは、筆者が現地調査を行ったすべての地域に存在した。筆者は、新しい地域に調査に行く時には、多くの場合、最初の「九条の会」事務局の小森氏に紹介してもらい、これらのクリアリングハウス・チャプターのオーガナイザーと連絡をとった。その後、これらのオーガナイザーが草の根の会を主導している人物を紹介してくれた。時には、インタビューを受けてくれた草の根の会のメンバーが、クリアリングハウス・チャプターのオーガナイザーを紹介してくれる場合もあった。草の根の会とクリアリングハウス・チャプターの場合と同様に、マスメディア（テレビ、新聞、広告、映画、演劇など）、教育、土木工学などの産業における職業別の会も、自分たちの会を地域と県のレベルでつくっていた。

本章では、これらのクリアリングハウス・チャプターについて、六つの事例を見ていく。六つの事例のそれぞれが、ある特定のクリアリングハウス・チャプターの運営内容と、「九条の会」の運動の一部としての彼らの独自の活動の目的を提示する。それぞれのクリアリングハウス・チャプターの目的と活動は、地政的位置、もしくは専門分野に独特の歴史、社会運動組織とその他の利用可能な資源等、各々の文脈の中に埋め込まれている。ここで提示される事例は、それらの条件に基づいて理論的に選んだ。いずれにせよ、これらの多様な会は、特別に分裂しやすいという日本の社会運動の共通の歴史に深く根差している。

本書は、今日の日本においてもいまだに社会運動の発展を阻んでいる、この負の遺産を克服することが、特に「九条の会」の運動に参加する者らにとっては、暗黙の、しかし明確な目的であると主張する。そうであるから、本章の分析の焦点は、日本の社会運動における克服されるべき対立に当てられる。これらの対立のほぼすべては、現在「九条の会」に参加している政治世代がかつて没頭していた社会運動の中でつくられたものである。さらには、日本国憲法の改正は、国民投票によりその過半数が承認することを要求する。したがって、憲法を支持する者らの間にある過去の対立を克服することは、この運動が改憲の試みを阻止するためには現実的かつ必要な目的ですらあるということだ。だからこそ、本章の分析の焦点は、過去の対立だけでなく、様々なクリアリングハウス・チャプターが実行する仲介的な行動にも当てられる。

神奈川ネットワーク

「憲法九条神奈川の会」(以降「神奈川ネットワーク」)の中心メンバーは、神奈川県内に住む弁護士や労働組合の前役員などである。しかし、この会でともに活動する弁護士たちは、互いに異なる政治的傾向をもつ――どちらかといえば共産党支持の者もいれば、旧社会党支持の者もいる(社会党はすでに解党したが、その支持者の中には現在の社民党や新社会党に共感する者も存在する)。

この中心的メンバーの構成が示すのは、神奈川ネットワークが、世界大戦終結直後の時期から日本の社会運動を分断し続けてきた、共産主義者と社会主義者の間の伝統的な境界を乗り越えようとしているということだ。この会を主導する弁護士たちは、彼らの間のちがいについてはっきりと自覚しており、この歴史的な隔たりを克服するために目的意識をもって協働している。ボランティア事務局の中心メンバーもこの共通の目的を共有している。彼らの組織的活動経験の豊富さから、労働組合の元役員たちがこの会の事務局の役割を自主的に買って出る傾向にある。退職後に市民運動へ参加することを選んだこれらの元労働組合役員らは、人間関係の調整などだけでなく、異なる政治的傾向や志向が致命的なほどひどい衝突を起こさないよう、それぞれを公平に扱うことにも熟練している。神奈川の事例は、この世代の活動家と、おそらく「九条の会」の目標を最も典型的に示している――それは、左派の中の社会主義陣営と共産主義陣営間の分裂を橋渡しすることである。このことは確かに、労働組合の元指導者たちやこれらの労働組合とともに働いてきた弁護士たちが、職業生活を通じて継続的に直面してきた主要な問題であり、彼らはこれが自分たちの運動が政治に対する実際的なインパクトをもつことを妨げてきた最も決定的な要因だと考えており、この問題を解決することが社会変革を推進することにつながると確信している。

神奈川ネットワークには比較的若い弁護士もいる。二〇一二年当時においては五〇歳が一人いて、三〇代後半も一人いた。両者とも、自由法曹団という、日弁連だけでなく様々な民主的市民団体と強いつながりをもつ法律家協会を通して「九条の会」に参加していた。ほとんどの「九条の会」のクリアリングハウス・チャプターは、この組織に属する弁護士たちが主導する。このことは、人員の補充と社会運動の世代継承にとっての組織的なつながりの有効性を示している。しかし、より一般的には、若い世代はこれらの派閥について古い世代ほどにはっきりとは区別していない。むしろ、若い世代の日本人はどちらの派閥も好まない。彼らの感覚では、これらのグループはどのみち同じような人々――「プロ市民」でしかない。いずれにせよ、社会主義者と共産主義者の派閥の間にあるのは、現在「九条の会」の運動に力を注いでいる一九六〇年代政治世代にとってはいまだに主要な溝であり、日本の革新勢力が団結した政治運動を起こせないことの主要因であることは変わらない。

弁護士や労働組合の元役員の他、神奈川ネットワーク事務局のボランティア要員には、より「ふつうの、党派に属さない市民」も含まれた。筆者が神奈川ネットワークの月例公開ミーティングに陪席した時、専業主婦でこの会のボランティアをしている人物が、ミーティング後の食事に行くグループに同行するよう誘ってくれた。彼女の他、弁護士事務所で働く二〇代後半の若い男性と筆者以外の夕食の参加者は、全員が会の中心メンバーである弁護士か労働組合の元役員だった。夕食の席では、先の人物は筆者の隣に座り、何度も自身が「ふつうの主婦」であり、彼女のような人が「九条の会」のような活動に参加することが大事なのだと強調した。そして後日のインタビューでは、彼女が「九条の会」に参加した理由の一つは、「九条の会が特定の政党が組織したものだと思われたくなかったから」だと説明した。インタビューに答えてくれたもう一人のボランティアメンバーは、彼女自身は「職場で組合に所属していたことはあるが、社会活動の経験もあまりないふつうの参加者」であるから、「弁護士先生」や他の「経験豊かな人たち」と一緒に仕事をするのが場違いに感じることもあると話した。この発言からは、彼女が特定の党派に属しているかどうかは明らかでないが、神奈川ネットワークの組織的特徴が彼女に多少なりとも居心地の悪い思いをさせていることは明らかである。彼女は、初めに参加していた会が定期的な活動を続けるには小さすぎ、彼女自身はより多くの人たちと一緒に活動したかったために神奈川の会に参加したという。

このように、神奈川ネットワークの参加者の背景はかなり幅広いが、会のリーダーたちはそのことをよく自覚している。ある労働組合の元役員で、現在神奈川ネットワークの事務局でボランティアをしている人物は、「全員が最終的な結論に納得するまで議論する時間をとること」の大切さを強調した。とはいえ、前出のボランティアメンバーのような参加者は完全にはリラックスできないかもしれない。この事例は、「九条の会」を組織することがどれほど神経を使うことかを理解する手助けとなる。またこの事例は、「九条の会」に参加する者らはこの運動が重要であるという強い信念と、彼らの個人的な貢献がこの運動の成功にとって必要であるという信念をもって参加を決意したということを示している。先に紹介した二人の例は、

「九条の会アピール」が、第九条を守ることを託された誇りある主権者としての個人の価値と、そのような個人たちに守られた第九条が世界平和を推進するということに焦点を当てたことが、間違っていなかったことを証明している。そして、組織的意思決定の過程において「全員が最終的な結論に納得するまで議論する時間をとること」で、それぞれの「九条の会」は、二〇〇四年に発表された最初のアピールの民主的精神を体現するよう励んでいるのだ。

　組織レベルでは、「九条の会」の水平的なネットワークというやり方をめぐって、参加者の解釈が様々であることが衝突を生むこともある。神奈川ネットワークの結成が議論されていた時、この計画について激しい論争があり、強い反対さえ起こった。県レベルの会をつくることへの反対は、既存の草の根の会の上に「上部組織」をつくることについての懸念に基づいていた。その懸念は、ほとんどの社会組織が縦構造を維持していて、そのことが同等の社会的グループ間の水平的な協力関係を阻害していた日本の社会運動の過去の経験からすれば理解できるものである。しかし、県レベルの会をつくることを支持する者たちは、県レベルの会をつくることの目的は実際にはその反対であると主張した。つまり、それは草の根の会を監督したり統括したりすることではなく、彼らの間の意思疎通を促進することにあるということである。結局、このクリアリングハウス・チャプターを有益とみなす意見がより多くの支持を集め、今日にみるように、この戦略は全国的に多くの地域で使われている。

　第2章で詳述したように、近隣の草の根の会同士は共通の資源を通して協力する。クリアリングハウス・チャプターは草の根の会に対し、より遠くの会についての情報を、Eメールニュースや月例の公開ミーティングを通して供給する。さらに、クリアリングハウス・チャプターは、草の根の会の協力を得て、公園での夏祭りや、著名人を招いての県立会館の大ホールでの講演会等、より大規模なイベントを組織する。これらの大規模なイベントは、一つの草の根の会が単独で組織できる小規模なイベントに比べ、一般公衆にとってより目につきやすいことから、より広範な聴衆に向けてアピールするためのより大きな機会として機能する。

また、このようなクリアリングハウス・チャプターは、草の根の会と最初の「九条の会」との間を繋ぐチャンネルとしても機能する。最初の「九条の会」が全国交流集会を主催する際には、最初の「九条の会」の発行するEメールニュースレターを通してだけでなく、クリアリングハウス・チャプターを通じても広報する。それに対して、それぞれの会（草の根の会もしくはクリアリングハウス・チャプター）は参加者のリストを作り、最初の「九条の会」に直接申し込む。クリアリングハウス・チャプターという機能なくしては、最初の「九条の会」は全国規模のミーティングを組織しようとするたびに、個人参加者から寄せられるものすごい数の申し込みをそれぞれ取りまとめなければならないことになる。このシステムは、「九条の会」を通しての参加のみを受け付けることによって、イベントに対する脅威の入り込む可能性を排除することができるため、全国規模のイベントにとって防衛手段としても機能する。このように、クリアリングハウス・チャプターは、「九条の会」のような全国的な運動を組織するためには合理的な仕組みといえるだろう。今のところ、クリアリングハウス・チャプターが草の根の会をコントロールしようとしたというような苦情は聞かれていない。

広島ネットワーク

神奈川や他の多くの事例と同様に、広島県内のネットワークづくりを活動目的とする会である、「九条の会広島ネットワーク」（以降「広島ネットワーク」）の事務局長も、自由法曹団に所属する弁護士である。二〇一一年八月時点において、広島ネットワークは、三つの「地域センター」、二六の職業別の会、三八の地域の会、一五の職場の会、四つの趣味の会、そして広島ネットワーク自体を含む、八七の草の根の会によって組織されている。

この会の独自性は、日本の社会運動セクターの中ではかなりの物議をかもす、一九六〇年代のラディカルな新左翼に起源をもつグループと近い関係にあるといわれる、「第九条の会」[1]というもう一つの憲法運動を含んでいることである。しかし、広島の「第九条の会」は、政治的な方向性としてはむしろ中立的であり、共通の目的を持つ様々なグループと協働することに積極的だと見受けられる。筆者とのインタビューで、広島ネットワークの事務局長は、「九条の会」を含む広島の平和運動のこの側面についてはっきりと指摘し、「広島では、共産党、社会党、そして新社会党も一緒にやっている」と語った。このネットワークに関わるそれぞれの党派、そして個人の参加者は、教育関係や大手マスコミ、新聞社での組合活動など、それぞれの活動の場において長年のキャリアをもつ。結果的に、これらのアクターたちは、様々な草の根の会をつくることを通して、それぞれのもつ経験と資源を「九条の会」の運動にもち込んだのである。

広島ネットワークは、二〇〇七年四月に結成された。県内の多様な平和運動組織の間の協力を伴った平和運動の歴史のある広島における「九条の会」の誕生は、二〇〇四年の九月以前にさかのぼる。二〇〇〇年の国会における憲法調査会の設置がこの共同の運動の引き金となり、二〇〇一年一一月には「広島ウォッチ」が結成された。このグループは、憲法調査会が結成されて以降数年の間に開かれた、名古屋と広島での公聴会へ代表を送り、憲法を支持することについて様々な方法で宣伝活動を行った。二〇〇四年六月に最初の「九条の会」が結成記者会見を行うと、これらの運動が「九条の会」の名のもとに結集し始め、同年九月、広島で初めの草の根の「九条の会」、「安佐南区年金者九条の会」が結成された。この会は、それ自体が全国的なネットワークをもつ「日本年金者組合」とも繋がっている。翌年中には、広島に一六の草の根の会がつくられ、上にも記したように、二〇一一年までには県内の草の根の会の数は八七にのぼり、以降だいたい安定した数を保っている。

二〇一二年四月に筆者が広島ネットワークの代表者会議に陪席した時、何人もの参加者が個人的に語ってくれたのは、彼らが様々なちがいを脇に置いて共に活動できるのは、このネットワークの中心に前出の事務局長がいるからだということだった。他の会の事例でも見られるように、弁護士は以前には対立していたグループ間の仲介者（broker）[2]の役割を果たす傾向にある。「第九条の会」の長年のメンバーであり、幅広い人脈を持つ市民活動家でもあるSは、同じく広島ネットワークの中心的メンバーのIをさして、筆者に「あの人は共産党でしょ」とささやいた。これは、S自身は共産党員ではないということの明らかな示唆である。また、筆者とのインタビューでSは、最初の「九条の会」事務局を務める、党派に属さない、長年にわたる日本の市民運動のリーダーである高田健について高く評価した。このことは明らかに、党派に属さない市民活動家であるということに対するSの強い志向と誇りを示すと同時に、政党やそれらに属するものへの若干の不信感を表してもいる。これは、「九条の会」に参加する多くの市民活動家たちが強く抱いているアイデンティティであり、「九条の会」はこの感情に特別な注意を払っている。「九条の会」のこの感受性が、日本においてこのような大規模な「一点共闘」をつくりあげることを可能にしたのだ。

様々な活動の領域から集まる他者同士が協働することは、組織的な努力であると同等に、参加者の個人的な努力でもある。Iが共産党員だと筆者にささやいたSも、広島ネットワークに参加するもの同士として実際にIと協働してきており、ミーティングの後の夕食会にも参加して、Iを含むその他の人々とともに「九条」という名の焼酎を酌み交わしていた。筆者が広島の街を離れる前にインタビューに応じてくれるかとSに尋ねた時、先に約束していたIが、筆者の時間の節約のためにSも一緒に同じ喫茶店で会ってはどうかと提案したが、Sは初め躊躇した。しかし、最終的には筆者と会うことを決め、当日はむしろ少し早めに待ち合わせの場所に現れた。Sが到着した時、筆者はまだIとのインタビューの途中で、話題はIが広島に引っ越してきてから保育園教諭として働き始めるに至る個人的な物語についてだった。Iの物語を聞きながら、SはあたかもIに対してこれまでとはちがう感情をもちはじめているかのような共感的な調子で、Iがそんな背景をもっていたとは全く知らなかったと言った。

Iは筆者に、自身の保育園長としての活動（その保育園にも「九条の会」がある）を説明するためにたくさんの資料を持ってきて、Sも傍で聞いている間、様々なエピソードを共有してくれた。Iが、園児の保護者や園の同僚とともに働きながら、子どもたちに平和な社会を手渡すために、できる限りのことをしていることは明らかだった。Iの番が終わると、私たちのインタビューはそのままSの番へと移り、Iも最後まで残って聞いていた。IもSの話を注意深く聞きながら、Sの元小学校教員としての、また市民活動家としての個人的体験に驚いたり、近年では新しいネットワークを築くことにエネルギーを集中させてきたという話を聞きながら、共感的にコメントした。二人がそれ以前にはお互いのことをあまり知らなかったということは、筆者には明らかに思われた。そうとはいえ、彼女らはこの間活動をともにしてきており、インタビューは二人がその異なる背景を超えてつながっていくための一つの機会となったのかもしれない。

インタビューの後、筆者と駅へ向かって歩きながらSは、筆者が広島ネットワークのミーティングに陪席した夜、ミーティングの後の夕食会にネットワークの唯一の若いメンバー（三〇代）が参加したが、彼の夕食会への参加はそれが初めてだったと話してくれた。Sは筆者に、「あなたの力ね。あなたのような方は広島にはいないのかしら」と言って名刺を手渡してくれた。Sのこのコメントは、長年の活動家たちは彼らの活動に若い参加者が少ないことを心配していること、そして彼らはそれがなぜなのかがよくわからない、ということを示唆している。「九条の会」と「第九条の会」両方にとって、世代継承をどのようにして達成するのかということは共通の課題である。両者とも、若い参加者の獲得に苦労している。これはまた、広島県内のほとんどの草の根の会だけでなく、他の地域でも同様である。草の根の会かクリアリングハウス・チャプターかにかかわらず、筆者が訪れたどの「九条の会」でも、若い参加者の獲得の問題は常に議論のテーマの一つに挙げられていた。このことは、最初の「九条の会」が主催する全国交流集会においても同様だった。しかし、その議論は総じて特定の答えをもたず、具体的な解決策は提示されなかった。筆者が広島ネットワークのミーティングに陪席した時、その活動報告のほとんどが年配の参加者しかいないという事実についてで、そのことが彼らの草の根の会が「楽しい」イベントをもてないことの主要因であるとされていた。彼らは皆、自分たちの運動が若者にほとんど知られていないことについてとても憂慮し、この現実のために多くが自信を失っていた。後で議論する沖縄の事例にも通じることだが、非常に強い戦争の記憶をもつ町であるということだけで、すべての人々が平和について関心を寄せたり社会運動に参加したりするような環境がつくられるわけではないのだ。

宮城ネットワーク

地域の市民社会に存在する主要なグループや組織は、「九条の会」の形成の核になりやすい。宮城の場合、「宮城憲法九条の会」（以降「宮城ネットワーク」）の二本柱は生協（日本生活者協同組合）と地元の教育者たちである。

宮城県では、生協は非常に高い組織率を誇る。県内の世帯の六割が生協に加盟している。生協は、自分たちの生活の質を向上させたいと願った日本の市民によって最も早い時期につくられた消費者組織の一つである（LeBlanc 1999）。その組織の主な活動は、メンバーに対して食の安全や共済健康保険などの様々なニーズのためのサポートシステムを提供することを中心としている。その目的は企業の利益ではなく消費者の利益を守ることにあるため、生協は社会運動組織の一形態とみなせるだろう。事実、生協は「市民セクター政策機構」という自前のシンクタンクを運営し、食の安全と消費に焦点を当てつつも生活と社会正義にとって重要な多種多様な課題について扱う『社会運動』というタイトルの機関紙を発行している。日本における最初の消費者組合として、生協はまた、地域の支部とその加盟員の大きなネットワークをもち、それは全国規模の運動を動員するための強力な組織的基盤になりうるものである。いずれにせよ、この宮城ネットワークは、筆者が調査した「九条の会」の六つのクリアリングハウス・チャプターの中では唯一の、生協が中心的な役割を果たした事例である(3)。実際、宮城ネットワークの事務所は仙台市内にある地域の生協事務所の中にあり、その事務所の所長が、宮城ネットワーク事務局の次長としても中心的な役割を果たしている。

生協を含め、いくつもの既存のグループが宮城ネットワークの基礎となった。東北大学の農業政策の名誉教授で、宮城ネットワークの事務局長を務める人物は、その前史について以下のように語った。

一九九七年だったかな。イラク戦争が始まるちょっと前で、日米ガイドラインの改正があって、新ガイドラインができるんですね。当時は宮城の問題について動いていたグループが三つありました。新ガイドラインが出て、イラク戦争が始まるっていうころ、戦争政策に反対する宮城県民連絡会っていう団体をつくったんですよ。それはイラク戦争反対がメインテーマで、今言った新ガイドラインもメインテーマで、それまでの戦争政策に反対しようという県民運動ですね。その代表が四人いるんですがね、そのうちの一人に私が入らされて、それで色んな県内の、まあ労働組合を中心にできた団体なんですけどね、加盟団体が五五、六あるのかな？　ですから結構色んな団体が入ったんですよね。そこで戦争反対の運動ずっと、集会やったり、学習会やったり、それからデモ行進やったり、そういうことをやった団体なんですね。どうもその運動も大事な運動なんだけども、でもそれだけやってるとね、なかなか運動が県民の中に広がっていかないというふうに思いましてね、それでその戦争連絡会っていう団体が呼びかけて、県内のいわゆる護憲、憲法を守ろうっていう団体に呼びかけて、こちらのコーナーがそうなんだけど（室内奥の方を指す）宮城県の生協の連合会、「生協連」っていうんだけどね、その生協連にも入って頂いて、護憲団体、三つの団体（憲法会議、宮城県護憲平和センター、憲法を守る市民連絡会）があるんですよ。けど党派系で分かれちゃって、共産党系、社会党系とかね、ちょうど中を取りにくいという状況があるんですよね。まあそこに戦争（反対）は大事だっていう団体に呼びかけて、広いネットワークをつくって、憲法を守る運動をやっていこうと。まあ団体が違いますからね、色んな意見を聞くことになる。違う意見を全部聞きますからね。九条を守っていくことだけで共同してやっていくこと、ということで通称五団体のネットワークをつくったんですよ。それはできたのが、二〇〇三年の一二月頃だったかな。そこで始めてたら、今の話が出たと。あの、「九条の会」のアピール、井上ひさしたちの、が出て、それに呼応して一緒にやろうっていうことになって、その五団体の、幹事九人いたんですよ。で、九人全員が「九条の会」のアピールに賛同しようと。それで賛同人になったんですよ。それで憲法九条を中心にした色んなことをやってきたんですよね。それでその過程で、その五団体でもまだ狭いですからね、もっと広くやんなきゃいけないっていうんで「宮城憲法九条の会」をつくろうということになりまして、今言いました団体の幹事の9人以外に、宮城県内に住んでる方で、「九条の会」のアピールに賛同した人は、(はじめは)一二人いたのかな。大学の先生とか、弁護士の方とか、色んな方いるんですけどね、合計二七人になったんですよ。その二七人が呼びかけて、「宮城憲法九条の会」をつくろうという呼びかけをしたわけです。それが二〇〇四年の年末だったかな。一二月ぐらいだったと思いますね。それから一年半くらいかけて準備をして、二〇〇六年三月に「宮城憲法九条の会」が立ち上がったんですよ。呼びかけ人は初め四、五〇人頼むなんて話をしましたらね、一六〇名越えたんですよ。……宮城の会の特徴は、個人が九条を守るということだけのために集まったグループだということですね。

したがって、宮城ネットワークの創設メンバーは、呼びかけ人のリストを作った時、細心の注意を払って特定の政党との関係を紹介することを避けた。このリストを作った時、呼びかけ人の肩書きには、特定の政党への所属を示唆しないものを選ぶように特に気をつけたという。しかも、そのリストには労働組合の役員は含めなかった。この点について事務局長は、以下のように話した。

このようなやり方は排除の論理を踏襲しているという批判もありました。でも、一九五万の有権者に訴えなければならないんだと。そういう批判は運動が広がれば消えると思いました。

県内の教育問題に特に関心をもつ地元の教育者や市民たちも、この会の中心的役割を果たす。筆者のインタビューを受けてくれた人々のうちの一人は、二〇〇六年第一次安倍晋三政権の下で、「戦後レジームからの脱却」として行われた「一九四七年教育基本法」の改悪に反対するキャンペーン（Iida 2008）以来、地域の中で教育問題に携わってきた。この人物は、宮城ネットワーク以外にも、「民主教育をすすめる宮城市民の会」、「泉パークタウン九条の会」、「宮城女性九条の会」、「宮城教育文化研究所」、「子どもたちを放射能汚染から守り原発から自然エネルギーへの転換をめざす女性ネットワークみやぎ」に参加している。彼女は、これらの多様な活動を通して、二〇〇〇年代初頭の教育基本法改悪反対運動の中心的なオーガナイザーであった小森陽一とも協力してきた。このことは、宮城ネットワークを構成する市民運動と「九条の会」のオーガナイザーたちの間の協力関係の歴史が、二〇〇四年六月の「九条の会」の結成以前にさかのぼるか、少なくともその動きと同時進行であったことを示している。

上記の人物の事例が典型的に示すように、筆者がインタビューを行った「九条の会」のメンバーの全員が、一つ以上の「九条の会」もしくは関係する市民グループのメンバーである。上述したように、「九条の会」のクリアリングハウス・チャプターは、しばしば複数のグループや組織によって構成されている。しかも、これらの組織のそれぞれは、さらに複数のサブグループを含む。宮城生協が宮城ネットワークをつくるイニシアティブをとった時、組合のリーダーたちはまず生協連絡会議、大学生協、学校生協、あいコープ（仙台市内の地域消費者組合で、現在は生協の構成組織）、そして医療生協の間で事前協議をもった。宮城ネットワークはまた、自治労や「憲法を守る宮城平和センター」、その他の女性、経営者、教員たちのグループなども含んでいる。

このように、宮城ネットワークの名のもとに、民主教育と平和に対する脅威に対抗して行動することを決意した教師をはじめとする教育関係者たち、生協、様々な市民社会組織、そして地元の知識人や市民たちが結集したのだ。これらの多様な方向性を持つグループが協働するために、このクリアリングハウス・チャプターは特にその「ノンセクト」の方針を強調している。それでもやはり、宮城ネットワークの事例はまた、「九条の会」が全体として以前から存在した多種多様な社会運動組織や現状を心配する市民たちのグループなどのネットワークであるということを証明し、またこれらのグループが、ある時点において、そのネットワークのつながりの内容を変換することによって自らを「九条の会」の一部とすることを決めた、その過程を明らかにしている。

宮城ネットワークも、直接的な後継者を欠いているという点において例外ではない。中心的なメンバーも六〇代と七〇代が大半だ。しかし、インタビューを受けてくれたある人物は筆者に、以前から社会活動をしている三〇代の女性が執行委員会に加わったばかりだと話した。また他の人物は、彼らの運動に若者を惹きつけることは最も大切だが、若者は改憲問題について知っているようにも関心を向けているようにも見えないと語った。前出の人物によると、執行委員会に加わったばかりというその女性も、彼女の知っている多くの若者は改憲問題や社会問題一般について関心をもっているものの、いわゆる「市民運動」というよりはNPOやNGOなどの形の活動に関心があるのだと語ったそうだ。このように、宮城ネットワークは、多くの市民グループや運動組織が「九条の会」の地域での活動において協働し、若い世代とのつながりもいくらか発展してきている事例である。

京都ネットワーク

これまで、三つのクリアリングハウス・チャプターを検証してきた。そのそれぞれが、日本の社会運動の中で過去につくりだされた分裂を克服しようと努力していた。神奈川ネットワークが対峙したのは、主に共産主義者と社会主義者の間の分裂だった。広島でのそれは、党派に属する活動家といわゆる市民活動家の間の分裂と、新左翼グループを含む様々な政治組織を支持する者たちの間の分裂だった。宮城では、参加者の政治的なアイデンティティは、より一般的な聴衆に呼びかけるためだけでなく、「九条の会」の名のもとに異なる市民グループが協働するために伏せられた。京都の事例では、これらのすべての分裂を乗り越えようとする努力とともに、もう一つの、最も看過されやすい分裂の原因である、個人の参加者とグループの参加者の間に存在する分裂を観察する。

「憲法九条京都の会」（以降「京都ネットワーク」）は、少なくとも六一の草の根の会が参加するクリアリングハウス・チャプターである。ここでは、イベント等のための実行委員会は様々な類型の草の根の会の代表者で構成され、事務局は少数の常駐ボランティアで構成されている。彼らは、イベントの主催や、ネットワークのメンバーの最近の活動報告等の組織的事項を議論するために月一度のミーティングをもつ。そこでは、出席者が主導する草の根の会の最近の活動や将来の計画についても議論される。集団的に解決方法を探すことができるように、心配事や課題についても共有されている。

このクリアリングハウス・チャプターに属する草の根の会のいくつかは労働組合や地域の政党支部を基盤につくられたが、一方で、例えば映画などの共通の趣味をもつ市民グループを基盤につくられたものもある。この会がポスターコンペを開催する時にだけ参加する個人の参加者もいる。言い換えれば、このネットワークで協働するのは、活動形式に関して競合する志向をもった、様々な背景をもつ人々である。それはつまり、公式的にはライバル同士である異なる労働組合の退職者たちや、動員において組織のもつ強みを信じる元労働組合役員、また（「自

好評既刊重版情報

マッドジャーマンズ

ドイツ移民物語　**2刷**

ビルギット・ヴァイエ 著
山口侑紀 訳
1800円+税
A5判変形並製
978-4-7634-0833-4

移民問題に揺れる欧州。
ドイツに衝撃を与えた社会派コミック。

都市をたたむ

人口減少時代をデザインする都市計画　**8刷**

饗庭伸 著
1700円+税
四六判並製
978-4-7634-0762-7

縮小する都市の
“ポジティブな未来”を考察

心さわぐ憲法9条

護憲派が問われている　**2刷**

大塚茂樹 著
1500円+税
四六判並製
978-4-7634-083

護憲派の共同のために
市民の感受性が勝負を決める

朝鮮学校物語

あなたのとなりの「もうひとつの学校」　**3刷**

『朝鮮学校物語』日本版編集委員会 編
1200円+税
A5判ブックレット
978-4-7634-0739-9

あなたは、朝鮮学校の
本当の姿を知っていますか?

「飽食した悪魔」の戦後

731部隊と二木秀雄『政界ジープ』　**2刷**

加藤哲郎 著
3500円+税
A5判上製
978-4-7634-0809-9

731部隊の闇と
戦後史の謎に迫る!

オルタナティブロックの社会学

2刷

南田勝也 著
1700円+税
四六判並製
978-4-7634-069

「波」から「渦」へ——
「表現」から「スポーツ」へ——

花伝社ご案内

◆ご注文は、最寄りの書店または花伝社まで、電話・FAX・Eメール・ハガキなどで直接お申し込み下さい。(直送の場合、2冊以上送料無料)
◆花伝社の本の発売元は共栄書房です。
◆花伝社の出版物についてのご意見・ご感想、企画についてのご意見・ご要望などもぜひお寄せください。
◆出版企画や原稿をお持ちの方は、お気軽にご相談ください。

〒101-0065　東京都千代田区西神田2-5-11 出版輸送ビル2F
電話　03-3263-3813　FAX　03-3239-8272
E-mail　info@kadensha.net
ホームページ　http://www.kadensha.net

権力vs市民的自由

表現の自由とメディアを問う

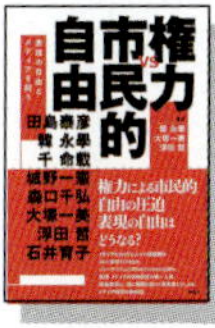

韓永學、大塚一美、浮田哲 編
2500円+税　四六判並製
978-4-7634-0847-1

**権力による市民的自由の圧迫
表現の自由はどうなる?**
表現・メディアの自由研究の第一人者、田島泰彦と、彼に薫陶を受けた研究者たちの書。

長期法則とマルクス主義

右翼、左翼、マルクス主義

大西広 著
2000円+税 A5判上製
978-4-7634-0848-8

君は右翼か、それとも左翼か?
よみがえるマルクス主義。
常識を問い直す、自由派マルクス主義の歴史観と現状分析。

自閉症と刷り込み

こうすれば自閉症は防げる

白石勧 著　2000円+税
四六判並製　978-4-7634-0851-8

自閉症はなぜ激増しているのか?
自閉症は、遺伝子でも育て方の問題でもない。
「刷り込み」の障害によって生じる——。

中国の夢

電脳社会主義の可能性

矢吹晋 著　2000円+税
A5判上製　978-4-7634-0849-5

IT 革命から ET 革命へ
中国は、オーウェルの危惧した超管理社会となるか、それとも官僚制を克服し人々の生活に奉仕させるもう一つの新しい可能性の実現に向かうのか?

吉野ケ里遺跡にメガソーラーはいらない

世界遺産登録に向けて

「吉野ケ里遺跡にメガソーラーはいらない」ブックレット編集委員会 編
1000円+税　A5判ブックレット
978-4-7634-0850-1

歴史的景観を壊すメガソーラーはいらない!

保育を深めるための心理学

鈴木敏昭、村上涼、松鹿光、加藤孝士 編
1800円+税　A5判並製
978-4-7634-0846-4

新「保育所保育指針」(平成 30 年施行)に完全対応
保育にかかわるすべての人に。

吉本興業と韓流エンターテイメント

奇想天外、狂喜乱舞の戦前芸能絵巻

高祐二 著　1500円+税
四六判並製　978-4-7634-0845-7

「ウケればええねん」「もっと朝鮮の民族色を!」

吉本イズムとコリアン・アーティストが巻き起こした一大ケミストリーを追う。

江戸時代の小食主義

水野南北『修身録』を読み解く

若井朝彦 著　1500円+税
四六判並製　978-4-7634-0843-

貝原益軒『養生訓』と並び立つ指南書『修身録』
食を通じて見定めた健康、立身出世、開運、富……人生を左右する「小食主義」とは?

愛読者カード

このたびは小社の本をお買い上げ頂き、ありがとうございます。今後の企画の参考とさせて頂きますのでお手数ですが、ご記入の上お送り下さい。

書 名

本書についてのご感想をお聞かせ下さい。また、今後の出版物についてのご意見などを、お寄せ下さい。

◎購読注文書◎

ご注文日　　年　　月　　日

書　　名	冊　数

代金は本の発送の際、振替用紙を同封いたしますので、それでお支払い下さい。（２冊以上送料無料）

なおご注文は　FAX　03-3239-8272　または

メール　kadensha@muf.biglobe.ne.jp

でも受け付けております。

郵便はがき

料金受取人払郵便

神田局
承認

4036

差出有効期間
平成31年5月
31日まで

101-8791

507

東京都千代田区西神田
2-5-11出版輸送ビル2F

㈱花伝社 行

お名前《ふりがな》

お電話

ご住所（〒　　　　　　）
（送り先）

◎新しい読者をご紹介ください。

お名前《ふりがな》

お電話

ご住所（〒　　　　　　）
（送り先）

主的な参加」に対し）「動員型」を好まない、個人として行動することを好む市民運動の活動家たちである。

自由法曹団に所属する弁護士でもある「京都ネットワーク」の事務局長は、後者の違い、すなわち積極的活動主義の二つの類型のちがいについて、以下のように説明した。

> 例えば……昨日の夜誰かが「動員型」という言葉を使った時、あなたもその場所にいましたね。市民運動をやってきた人たちは、方針を集団的に決めたり、メンバーを動員したりする組織に対してとても批判的なんです。そういう人たちは、市民運動を本当に広げるために一番大切なのは個人の自主的な意思で、それを優先させない限りは運動は発展しないと考えています。それは一面では正しいんですよね。でも、たとえば労働組合とか、団体で動く人たちもいて、彼らはメンバーの間で話し合って、その結果皆がその特定の課題が重要だという合意に達して初めて、その課題はメンバーの間で共有されて、運動をする。

事務局長はまた、彼が二〇年以上前に弁護士として働きはじめた時以来、京都の社会運動セクター内部に存在するこの隔たりの橋渡しをするために、彼と同僚たちがどのように働いてきたのかを説明してくれた。彼はまた、特にこのことに関係して、しばしば市民運動家から「組織的」すぎるとか、時には「個人の意思を欠いている」とまで批判される、「組織的に運動をつくる方法」の重要性について指摘した。

組織的な参加形態も、実は非常に大事なんです。例えば反原発の運動のように、市民運動がある時にとても活発であることはよくありますね。このことも確かにとても大事なことですが、やはり一方では、それぞれの組織が民主的に議論して、その課題が大事だという結論に達する。それから動く。……個人の参加者は問題意識はもっているけれども、条件があります……例えば、特定の日時にミーティングに参加する条件がなければいけない。組織の場合は、まず課題を位置付けて、そしてそれが重要であると考えられれば、誰かがその特定の任務の担当になる。でも、市民運動家の場合は、ある時は来るけれどもいつもいなくなってもおかしくない。だから、（もし個人として運動に参加したいのなら）ただミーティングに参加するためだけにかなりの努力が必要になります。実際どのくらい続けられるでしょう。そんなに簡単じゃないですよね。

社会運動とその参加者の、それぞれの方法やスタイルの間にある様々な対立やちがいの橋渡しをしようと働いてきた、多くの社会運動の参加者の努力に基づいて、京都ネットワークは現在の形をつくりはじめた。その際、二つの組織が京都ネットワークの基盤となった――「憲法五〇フォーラム」として立ち上がり、その後「京都ネット」として活動を続けた組織である。

これらの組織を続けて指揮することを通して、オーガナイザーたちは、彼らの参加方法をつくりあげてきた。「憲法五〇フォーラム」では、参加の単位は個人に限られ、グループは認められなかった。これは、どこの組織やグループにも所属していない個人の参加を促すための仕組みだった。これらのオーガナイザーたちは以前に、参加の方式、特に個人ベースの参加とグループベースの参加の間のちがいに起因する運動参加者の間の衝突があることを発見していた。「憲法五〇フォーラム」と「京都ネット」の両者とも、初めは個人ベースの参加のみを受け入れた。しかし、彼らの活動を通して築かれた信頼に基づいて、徐々に個人とグループの両方ともに参加の門戸を開いていくことができた。このように、すべての形態の参加に開かれている京都ネットワークは、それ以前の、参加形態（個人かグループか）や催すイベントのスタイルなど、運動の方式の細やかな調節の上に到達したものである。このようにして、自身の主導するポスターデザインコンペという一つのイベントにのみ参加する個人の参加者でさえ、「九条の会」の運動に居場所を見つけることができるのである。同様に、地域の政党支部からの参加者も、党の代表として実行委員会の月例ミーティングに参加することができる。得意分野を生かしながらともに活動することで、彼らはより広範な聴衆に向けてアピールできるのである。

沖縄ネットワーク

第二次世界大戦後の特殊な歴史から、沖縄の「九条の会」がその基盤を彼らの強靭な平和運動組織にもつことは特に意外なことではない。沖縄では、他県におけるクリアリングハウス・チャプターに相当する組織は、一九七二年の沖縄返還以前から活動を続ける「沖縄県憲法普及協議会」である。彼らは一九四五年から一九七二年まで続いた米国による占領の間、日本国憲法は沖縄の人々にとってはいまだ実現されていないと信じていたため、彼らの活動は日本国憲法についての啓蒙活動を含んでいた。そのため、沖縄の活動家にとって、「九条の会」のような活動は全く新しいものではなかった。むしろ、第九条について宣伝することは、復帰以前から彼らの活動の主要な一部であった。

この特殊な歴史のために、沖縄における政党勢力図は他県のものとは異なっている。沖縄には、沖縄大衆党という地域政党があり、本土でみられる主要な国政政党の間の分裂は沖縄の地域の文脈においてはそれほど強くない。この構造は二〇一五年の三つの連続した選挙において実現された「オール沖縄」の共闘をつくる基盤として機能した——名護市長選挙、沖縄県知事選挙、そして総選挙において、オール沖縄の候補者が自民党の候補者を負かした。

組織的構成については、沖縄ネットワークはその他のネットワークと多くを共有している。

事務局はフルタイムの事務局員一名と弁護士数名によって運営されている。おそらく、一九七〇年代の復帰の経験が、沖縄の「九条の会」の参加者の平均年齢が本土のそれに比べて一〇年ほど若いことの理由だろう。領土の多くが米軍基地に占められている沖縄においてでさえ、社会運動は後継者を見つけることに苦労している。沖縄の事例においても、社会運動の後継者の大半は学校や職場を通してやってくることが多い——より具体的に言えば、沖縄の場合は琉球大学や自由法曹団である。「九条の会」と「沖縄県憲法普及協議会」の活動に参加している数名の若者は、当時普及協議会の事務局長を務めていた琉球大学法科大学院の高良鉄美教授の教え子である。しかし、筆者のインタビューに答えてくれた高良教授の当時のゼミ生によると、彼らは祖父母から戦時中の体験について聞いたことはあったものの、ゼミを履修する以前には憲法のことについて特に興味をもっていたわけではないという。米軍基地のある普天間出身の学生は、彼女の学校の教室にエアコンがついているのは基地のおかげだと信じていたし、なぜ窓ガラスが二重になっていて、それでも時折米軍の飛行機が学校上空を飛んだために先生の声が聞こえないことがあったのか、不思議に思ったこともなかったという。

これら沖縄ネットワークの様々な側面を組織する努力の中心には、一人の常勤事務局員がいる。彼女は元々神奈川県の出身で、家永三郎という歴史教科書の執筆者が、文部省（当時）による教科書検定は憲法違反だと主張して日本政府を訴えた、有名な「家永教科書裁判」の事務局に勤めていたことがある。家永裁判の終結後、彼女は結婚を機に沖縄へ移り、憲法普及協議会で働き始めた。筆者が沖縄の首都那覇を訪れていた折、彼女は筆者を居酒屋へ誘い、お互いの背景や筆者の研究について、気軽で率直な会話を楽しんだ。その折、筆者が調査のために訪れた地域の話題になり、広島もその一つだったことに言及すると、彼女は唐突に、Sにも会ったかと尋ねた。筆者が広島でインタビューした、あのSのことだった。意外にも、彼女らは昔の知り合いであった。彼女がSについて高く評価していることは、「彼女いいでしょ?」との発言に明らかだった。彼女は本土にいた当時から様々な運動に関わっており、その関係で最初の「九条の会」の唯一の専従事務局員とも知り合いで、彼女のことも高く評価していた。同様に、沖縄ネットワークの事務局で働く数名の弁護士たちも、様々な理由で他県から沖縄へ転居してきた背景をもっていた。一方、沖縄ネットワークの中心メンバーには、高良教授以外にも、復帰運動以来活動を続ける沖縄出身者も含まれた。このように、沖縄ネットワークでは、沖縄出身のアクターたちと本土出身のアクターたちが協働し、その会をして、日本という国に属しながら多くの意味でかけ離れた二つの部分を結びつける帯(tie)とならしめている。

筆者のインタビューに答えてくれたある沖縄出身のメンバーは、沖縄の活動家と本土の活動家の性格の異なりについて指摘した。沖縄人が運動をする時は、本土の人のように「激しいことはあまりしない」という。そして、気さくな笑顔とともに続けた。「島に六〇年間存在し続けた米軍基地をなくすためには、あと六〇年間は闘うことになるつもりでいる。だからあんまり激しいことをしていたら続かない」。沖縄と日本は、歴史的、政治的、また文化的にも大きく異なるが、第九条は共通の理想であり、その実現のために両者は協働できるのである。

福島ネットワーク

福島県の「九条の会」のネットワークも、平和や社会福祉の課題を扱う市民組織のネットワークや様々な産業の労働組合、また日本共産党の地域支部などの、以前に確立されたネットワークに基づいている。この意味で、県内の「九条の会」の活動は、他の地域と同様のものであった。

しかし、二〇一一年三月の三重災害以降、福島の「九条の会」の役割は変わらざるを得なかった。災害の後、会自体のメンバー喪失に対処しながら、「福島県九条の会」（以降「福島ネットワーク」）は『福島は訴える』という、福島県内の草の根の会のメンバーたちが彼らの個人的な経験と災害の後に直面した困難について綴った手記を集めた本を出版した。福島ネットワークは二〇一二年の「九条の会」全国交流集会（第4章参照）でこの本を販売するブースを開き、また集会のプログラムの中で同ネットワークの事務局次長が講演した。

最初の「九条の会」事務局の計らいで、筆者は福島ネットワークのブースでこの『福島は訴える』の販売を手伝った。ブースを手伝う間、筆者はこの会の主要なメンバーや本を買いに来た彼らの友人たちに紹介された。この会の事務局長と事務局次長はともに福島大学の名誉教授で、他の数名のメンバーも同大学の関係者だった。その折、筆者は事務局次長に、インタビューを受けてもらいたいが、福島に彼を訪ねることは可能かと尋ねた。彼は一瞬動きを止め、筆者をじっと見てから、「うーん、いつもならもちろん歓迎だけど、でもあなたはまだ若いからなあ。僕は元々東京の出身でね、息子の家族に会いによく帰ってくるよ」と答えた。私たちの会話の文脈から、彼が比較的若い女性が訪れるには福島の放射線レベルは高すぎるのではないかと懸念して、かわりに東京で会うことを提案したのだということは明らかだった。

この後、福島ネットワークの事務局のメンバー、特に事務局次長は、様々な地域の草の根の会が主催するイベントに招待されるようになり、多忙を極めた。そのため私たちのインタビューは実現しなかったが、筆者もまた地元の「九条の会」のイベントで彼に講演してもらう機会を得て、福島ネットワークやより全般的に県内の状況について個人的に会話した。当時、多くの草の根の「九条の会」が、原子力発電所の問題を憲法との関係でどのように理解し、対処するべきなのかという問いに関心を払っていた。第4章は、この過程において「九条の会」がどのようにその運動の範囲を拡大していったのか、また同時に自らの運動と反核運動をつなぐ新しいフレームを発展させていったのかということを、より詳しく議論する。

より広くは、「九条の会」の全国的なネットワークは、被災したメンバーを意外な形で支援することに貢献した。例えば、「九条の会」の活動を通してつくりだされたネットワークは、他県へと避難したメンバーとその家族たちがお互いとの連絡を再開することの助けとなった

（第5章参照）。また別の場所では、活動していた福島から避難した女性が、避難先の草の根の「九条の会」の支援を受けた（第2章参照）。福島県内の草の根の会の継続的な活動も、災害後の様々な形の県内の反核運動を支え、そしてこの交流が、のちに被災者の要求を法廷にもち込む活動を担うグループの発展につながった。

本章では、六つの県レベルのクリアリングハウス・チャプターの例を提示し、そのそれぞれの地域の「九条の会」の形成には個別に特有の過程があるということを実証した。このことは、「九条の会」が自主的な参加型の活動として様々な形を取りうるということを明確にしている。しかし、本章はまた、これらのクリアリングハウス・チャプターすべてに共通するパターンがあることも実証した。六つの事例から明らかなのは、現在の到達が、各県における社会運動の活動の蓄積と歴史の上に立ったものであるということだ。確かに、このような広範なネットワークをこれほどの短期間につくりだすことは、既存の社会的グループとそのネットワークの連携を通してのみ可能なことである。

明らかに、「九条の会」の組織的構造は、会の結成以前から日本において多様な社会運動アクターの間に存在していたネットワークの形を反映している。また、この会の運営のすべての部分は、参加者の、特に国レベルから草の根レベルに至るすべてのレベルにおけるリーダーシップの、多方面にわたるノウハウや組織的技術を必要としている。このような秩序ある運動を率いることができるのは、組織的運動及び市民運動の両方において、社会政治活動の豊富な経験を持つ、専門性ある市民たちだけであろう。

この活動家集団は、彼らが労働組合や市民グループの主導権を取っていた期間に起こった、二つの政治党派の間の度重なる分裂に直面し、異なる政治的所属、特に社会主義者と共産主義者の間の橋渡しをしようと試みてきた。この集団が橋をかけようとしてきたもう一つの溝は、特に一九八〇年代後半の労働運動の凋落以降は、労働運動と市民運動の間のそれである。そしてより最近では、上述の京都の事例で議論したように、グループ参加と個人参加という参加形態をめぐる溝にも対処してきた。これらの主要な対立を乗り越えるため、「九条の会」の運動の参加者たちは、ある時点においてこれらの対立について意識的になる必要があった。その後彼らは、埋めるべき、改善されるべき溝がなんであるかを発見する必要があったが、それはしばしばより「弱い」側を支え、彼らの志向を優先させることを要求した。協働することを通して、彼らは話し合われるべき誤解について発見しただろうし、またそれはそれとして受け入れられるべきちがいについても発見しただろう。

このような基礎の上に、共通の目標や目的が確認され、異なるアクターが合意できるところにおいて協働することが可能になっていった。時には、京都の事例でも議論したように、様々なアクターたちの強みを生かして共通の目標を達成するためには、ちがいを抑え込むのではなく、むしろそれに積極的な役割を果たさせることの方が、肯定的な解決策をもたらすこともある。こうして「九条の会」は、これらすべての努力が展開されるための重要な場（プラットフォーム）としての役割をはたし、一九六〇年政治世代の活動家たちが、自らの関わった過去の運動において発生した既存の対立を克服することを助けた。図3は、このネットワークを部分的に視覚化したものである。

いずれにせよ、世代間の溝は残る。若い世代にとっては、伝統的な運動の内部にいるものにとってさえも、古い運動は極端に「プロフェッショナル」——近づきがたく時代遅れのもの——になりすぎたように見えた。だから、この新しい世代にとって克服すべき主要な溝は、社会運動の「プロフェッショナル」とその他の「アマチュア」の間に存在する。ここで言う「プロフェッショナル」とは、しばしば左翼政党とそれに付随する活動（及びベテラン市民活動家）を意味し、「アマチュア」とは特定の政治党派の関係者でもなければ既存の市民グループの賛同者たちでもない、多様な者たち（すなわち「独立した」個人たち）を含む。この第四の領域を探索することは、社会運動における世代間の断絶を理解するために重要である。とはいえ、二〇一〇年代の日本社会における展開は、社会運動の継続の問題に新たな光を当てている。以下の章では、「九条の会」がその元来の世代を超えて、新しく、より広範な連合体として立ち現れる過程を見ていく中で、この点について議論する。

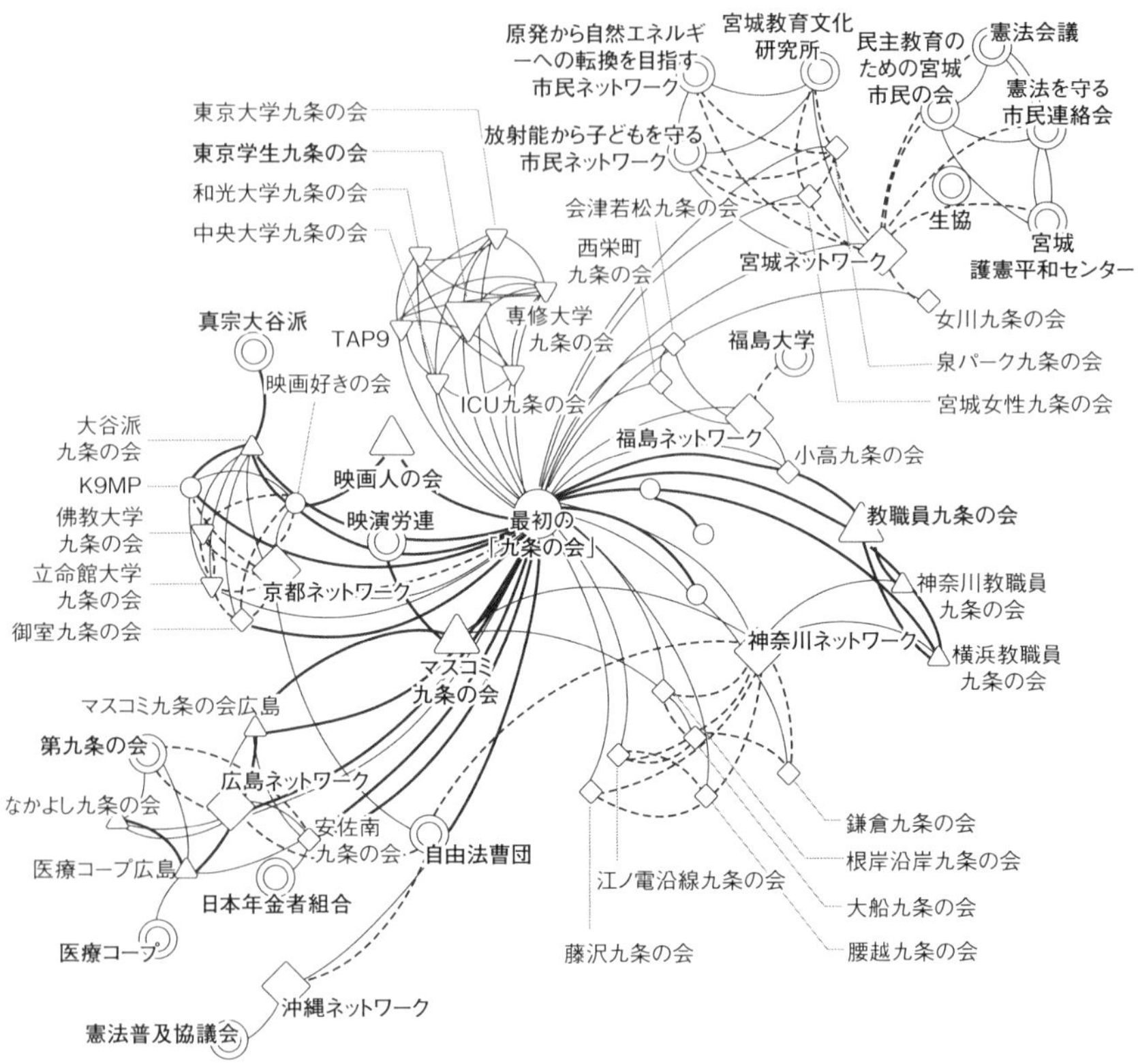

図3　第２章と第３章で詳述した「九条の会」のネットワーク

* ノードの形状は各「九条の会」の種類を表す。大○は最初の「九条の会」、小○は趣味ベースの会、◇は地域ベースの会、△は職場・職業ベースの会、▽は大学の会（◇、△、▽については、小はそれぞれ草の根の会を、大はそれぞれクリアリングハウス・チャプターを表す）、◎は各会とつながりをもつ外部団体及び組織。

** エッジの形状はつながりの種類を表す。━━━は「九条の会」への参加を通した最初の「九条の会」と各会のつながり、――― はイベントを通したつながり、━ ━ ━ はメンバーシップの重複（brokerage）によるつながり。

【注】

（1）「第九条の会」は、アメリカのオーバービー博士が、日本国憲法第九条の重要性を訴えて、それに呼応した日本の人々によってつくられた組織として形成された。労働組合の中では新左翼党派としての「革マル派」の影響を強く受けていた、旧「動力車労働組合」の系列に属する人々も参加していた。

（2）社会ネットワーク分析における“broker”とはネットワークとネットワークの間をつなぐ「境界連結者」という意味であり、革新の源になることが多い重要なアクターを指す。

（3）北海道で始まった代替エネルギープロジェクトの事例については、西城戸誠『抗いの条件――社会運動の文化的アプローチ』を参照のこと。

【文献】

Steinhoff, Patricia G., “New Notes from the Underground: Doing Fieldwork without a Site”, edited by Theodore C Bestor, Patricia G Steinhoff, and Victoria Lyon Bestor, Honolulu, University of Hawaii Press, 2003, in *Doing Fieldwork in Japan*, 2003.

LeBlanc, Robin, *Bicycle Citizens: The Political World of the Japanese Housewife*, California, University of California Press, 1999.

Iida, Yoko, “Beyond the Schism: Teachers’ Unions and the Revision of the Fundamental Law of Education in Japan”, University of Hawaii at Mānoa, 2008.

第4章　最初の「九条の会」

――「呼びかけ人」と「事務局」という組織体制とその役割

私ども九人が呼びかけ人として出発しました時、私たちに確かだったことは、ともかくも憲法と民主主義の、現在と先行きを憂える者らとして、意思を表したいということだけだった。ただ、そのような私たちの声に応じて、多様な方たちが、それぞれの場所で、憲法、民主主義へ向けて声を発していただければ、その数々の声が重なり合う場所に、つまり「萃点」に、私らの最初の「九条の会」を置き、交通整理をする形にしたいと、最初の記者会見で私は申しました。

大江健三郎は、最初の「九条の会」の役割について上のように述べた（九条の会 2006：12）。それ以来、期待以上に多数の声が全国（そして海外からも）寄せられた。これらの声は瞬く間に多様な形の草の根の「九条の会」に結集していった。最初の「九条の会」はすぐに、「九条の会」という大きなネットワークの中心となり、大江の言った通り「交通整理」をしはじめることになる。

本章では以下、主に講師を派遣したり全国交流集会を開いたり、そして重要な局面にあった時には公的なアピールを発表したりすることによって、最初の「九条の会」がどのようにして「交通整理」をするのかについて議論する。また、これらの手段を通して、最初の「九条の会」は象徴的かつカリスマ的なリーダーシップとしてだけでなく、運動の情報局として機能している。最初の「九条の会」は、「九条の会」の運動に、スローガンや目標、そして最新の情報と、現在の政治に起こっている変化を彼らの活動との関係で理解するための分析の道具を供給している。こうして、最初の「九条の会」は草の根の参加者を励まし、一方では国のレベルで「九条の会」のネットワーク全体を代表している。

憲法リテラシーの推進

講師の派遣

「九条の会」の運動における最初の「九条の会」の役割のうちで主なものの一つは、講師の派遣である。公衆の憲法リテラシー（憲法を理解し運用する能力）を高めるため、最初の「九条の会」は講演会をシリーズとして開催し、その内容の書き起こしをブックレット形式にして出版している。また、講師のリストを作り、草の根の会が自らの講演会や勉強会に役立てられるようにしている。草の根の会はもちろんリストに載っていない講師を見つけることもできるが、必要があればいつでも使うことのできるリストがあることは便利だろう。

講演会と「九条の会憲法セミナーシリーズ」

最初の「九条の会」は独自の講演会シリーズを主催してもいる。初めの講演会は二〇〇四年七月二四日開かれ、一〇〇〇人が参加した。翌二〇〇五年の有明コロシアムでの集会には、九五〇〇人が参加した。最初の「九条の会」はその後、「九条の会憲法セミナーシリーズ」を主催し、二〇〇六年から二〇一〇年の間に一〇回の講演会を開いた。初めの二回の講演会では第九条を守る運動を起こすという「九条の会」の元来の目的を確立する一方、憲法セミナーシリーズは「九条の会」とその憲法運動のためにより広い視野を提供した。

「九条の会」の憲法セミナーシリーズでは、日本国憲法の重要性を多様な角度から議論した。それぞれの企画ごとに、「九条の会」呼びかけ人の一人と、例えば文学、マスメディア、宗教、大学、市民運動等の分野の専門家が講演し、その内容の書き起こしをブックレット形式にまとめて出版した。明らかに、このセミナーシリーズは草の根の「九条の会」の参加者のみでなく、より一般的な公衆を惹きつけるようにデザインされたものだ。ゲスト講演者には、有馬頼底（金閣寺・銀閣寺住職）、池田香代子（ドイツ文学翻訳家）、明珍美紀（元新聞記者）、暉峻淑子（大学教授）、湯浅誠（市民運動家、二〇〇八年の「年越し派遣村」オーガナイザー）アーサー・ビナード（詩人）、加藤多一（児童文学作家）、平岡敬（前広島市長）、高遠菜穂子（人権活動家）などがある。ゲスト講演者たちはそれぞれ、彼らの活動がどのように憲法と特に第九条、そして第一三条（生存権、自由権、幸福追求権）や第二五条（文化的生活を営む権利）と深く関係しているかということを語った。これらの講演とブックレットは、日本国憲法がどのように自分たちの日常生活を守るのかということについて、また第九条に代表される理想がどのように日本の平和的イメージを国内的のみならず国際的にも形作っているのかということについて、聴衆と読者を教育した。

運動ネットワークの創造と維持

最初の「九条の会」は、一般公衆の憲法リテラシーを高めるための努力に加え、運動の参加者（最初の「九条の会」の呼びかけ人と事務局員を含む）同士をつなげ、彼らがお互いから学び合うことができるように、定期的にニュースレターを発行し、全国交流集会を組織している。

ニュースレターとメールニュース

ニュースレターの発行は、最初の「九条の会」の事務局が一番初めに行った活動のうちの一つである。この活動は、全国交流集会とともに、最初の「九条の会」がそのアイディアを草の根の会と共有するための重要なツールとなってきた。のちに事務局は、メールマガジンの発行も始めた。ニュースレターが文字通り、最初の「九条の会」から運動の仲間に宛てた「ニュース」と「レター」の媒体である一方、メールマガジンは最初の「九条の会」が今後主催する企画とその出版物の宣伝により特化されている。草の根の会も、これらの媒体を通して彼らの今後の企画を宣伝することができる。この意味で、これらの二つの媒体は双方向的なコミュニケーションである。これが、草の根の会が他の会の活動について定期的に情報を得、また「九条の会」がそのネットワークを維持する装置の一つである。

ニュースレターとメールマガジンはまた、第九条と憲法をめぐる現在の政治状況の分析を掲載している。「九条の会」の運動全体の関心事となるべき重要な課題があり、行動が必要とされる時には、その課題に取り組むための具体的な提案が含まれている。「九条の会」全体にとって緊急であると考えられる課題は、初めにニュースレターで強調され、そして全国交流集会のプログラムの中で議論される。

例えば、学区ごとに草の根の会をつくるという提案は時々ニュースレターに書かれ、全国交流集会でも常に論点として特別な注意を向けられてきた。このプロジェクトは、日本社会に真に根ざす運動をつくることを目指し、そのために「全国津々浦々」に草の根の会をつくるために努力する「九条の会」の目的にとって重要であると位置付けられた。日本社会の文脈においてよりわかりやすくするために、「九条の会」は「すべての『学区』に会をつくる」という表現を使った。事実として、「西岐阜中学校区九条の会」という名前の「九条の会」があり、その活動はニュースレター二二〇号で紹介された（九条の会 2015）。しかし、このような明白な事例を除いては、草の根の会の名称がそのままそれを表すことは稀であるため、ある草の根の会が学区に基づいてつくられたのかどうかを知ることは難しい。いずれにせよ、多くの草の根の会は、かなりの頻度で面と向かったメンバー同士の交流を行う社会的共同体の中でつくられてきた。

このような、最初の「九条の会」が運動の目標として推進したプロジェクトの他に、ニュースレターは特殊な状況における方向性を伝達した。二〇一一年三月の三重災害の後の数ヶ月間に発行されたニュースレターは、草の根の会が被災地支援のために行った活動についての記事を頻繁に掲載した。さらに、二〇一一年七月二〇日発行のニュースレターでは、同月一一日に福島ネットワークが発表したアピールを紹介した。「福島第一原子力発電所の『巨大人災』にあたって」というタイトルが付けられた記事の中で、福島ネットワークは以下のように述べている。

福島県九条の会は、東日本大震災で犠牲となられた方々に哀悼の意を表するとともに、過酷な境遇におかれている地震や津波、ならびに原発事故の被災者に対して、心からお見舞いを申し上げます。

とりわけ、原発『巨大人災』に関して、県九条の会としては、これを会の設立趣旨外の出来事と傍観者を決め込むわけには参りません。私たちは、日本国民がこれまで経験したことのない原発事故によって、ふるさとの町や村を追われ、日夜放射線による生命と健康の危険に怯えながら、日常的な生活を破壊されて、劣悪な環境のなかで避難生活を送っている人々を、身近に見ています。また、被災地九条の会の少なからぬ構成員が、その当事者になってもいます。私たちは、地元の会として、この悲惨な現実から眼を逸らすことは出来ません。

それだけではありません。日本国憲法九条が依拠する「平和的生存権」＝「恐怖と欠乏から免れ、平和のうちに生存する権利」の侵害という根本的次元で、戦争の惨禍と原発『巨大人災』とは共通のものがあります。それどころか、「安全神話」を振りまいて原発路線を突っ走った利権絡みの原発利益共同体と、日本を再び「戦争のできる国」にしようとたくらむ改憲推進共同体とは、人的にも思想的にも太い地下茎で繋がっており、同じ土壌に根をおろしているのです。

私たち福島県九条の会は、こうした状況を踏まえ、さしあたり、次のことを求め、その実現のために力を尽くす決意です。
一、県民の生命と生活の危機の回避と、侵害された人権および日常の一刻も早い回復。とくに、こどもなど被曝弱者のいのちと健康を護る施策の早急な実施。
一、東京電力および国による、県民がこうむった被害の迅速かつ全面的な補償。
一、県復興ビジョン検討委員会が提起した「原子力に依存しない、安全・安心で持続的に発展可能な社会づくり」という基本理念の堅持と具体化。
一、原発事故にいたる歴史的経緯の客観的な検証と、その社会的責任の所在の徹底的究明。

福島県九条の会は、九条を護り生かす活動を基本としながらも、右の目標達成のため、志を同じくする県内外の諸団体と連携して、行動したいと思います。県内各地の九条の会も、相互に連絡を密にして、これらを実現するため、創意ある取り組みを組織されるよう期待します。最後に、被災者のふるさとへの帰還と、被災地九条の会の再建とが一日も早いことを願うものです。

この記事全文をニュースレターに掲載したことは、最初の「九条の会」が福島ネットワークのアピールを尊重したというだけでなく、「九条の会」の全ネットワークに対して、原子力発電所問題のために連携するよう働きかける意思があったということを示唆している。以下の章でも議論するように、「九条の会」はこうして、その焦点を第九条に合わせ続けながらも、運動の射程範囲を広げ始めた。全国交流集会の内容がその発展を示している。

全国交流集会

ニュースレターで指し示された方向性は、全国交流集会で確認される。ニュースレターが「九条の会」の運動の参加者たちにとって日常的な交流のための仕組みであるなら、全国交流集会はお互いの活動経験について直に交流し、そのことを通してそれぞれの日々の活動を続けていくためのモチベーションを更新するための、稀な機会である。またそれは、運動の参加者にとっては彼らの運動の重要性を確認するための機会であり、自らの日常的な努力をより広い社会的、政治的文脈の中に位置付けるための新たな見識を得る機会でもある。最初の「九条の会」が第一回の「九条の会全国交流集会」を開いたのは、その設立から二年後の二〇〇六年六月一〇日、会場は日本青年館だった。その当時までにはすでに五一七四の草の根の「九条の会」が日本全国につくられていて、そのうちの八三二の会から一五五〇人がこの集会に参加した。参加者の最年長は九一歳で、最年少は一四歳だった（九条の会 2006:116）。この年以来、第三回の二〇〇八年まで、最初の「九条の会」は毎年全国交流集会を主催した。その後、二〇一一年までの数年間は、この集会は開かれなかった。

二〇〇六年の全国交流集会は以下のような方法で組織された。まず前半には、「九条の会」の九人の呼びかけ人のうち八人と、いくつかの草の根の会からの参加者それぞれが、短いスピーチを行った。呼びかけ人の中から、加藤周一はこの集会の目的を端的に述べた。

日本国は最近憲法九条を中心として、分かれ道にさしかかっていると思う。簡単に言えば、一方は戦争、他方は平和の道です。……他方の道をとれば、……人権を守ることができる、もっと発展させることもできるかもしれません。……そこで二年前に「九条の会」を作りました。日本の状況には、その前から、二つの特徴がありました。一つは、……九条については……、……議会では改定する側が圧倒的多数。しかし、国民の中では圧倒的多数じゃない。……とにかく議会と国民との食い違いが非常に大きい。第二は、それでは市民の側、つまり、九条を守ろうという立場を取る人たちの間で、どういうことが起こっているかというと、そもそも日本という国は、先進工業国の中では、市民運動の盛んな国なんですね。……しかし、市民運動の弱点は、横のつながりがないということでした。多数の小グループの散在ですね。中央集権的な、強力な反対組織がないんです。議会外でも、マスメディアにしても、地方の行政にしても、組合運動にしても、みんな中央集権的な批判的運動は潰されている。だから、今残っているのは、散在する市民運動、大小の市民運動ということが、二年前に「九条の会」を我々が始める前の状況だったと思うんです。弱みは横の連絡がないこと。だから、中央集権的でなく横の連絡をつけることのお手伝いをできないだろうかと考えて、我々はアピールを出したとも言えるわけです。そして、それは当たった。それは皆さん自身が主体ですが、市民運動は、今、連絡を横に持つことが出来る。……そこで何をすべきか。横の連絡を強めよう、同じ志をもつ人たちは、隣の村で何をやっているかっていうことを知ることが必要です（九条の会 2006：6-7）。

最初の「九条の会」は、参加者たちが互いの経験を共有するための機会を提供することで、当時急速に拡大していた草の根の会の間のつながりを強めることができるように、全国交流集会を主催したのだということが、ここに明確に述べられている。加藤はスピーチで、「九条の会」の目的が第九条を守ることにあるということを再確認した。そしてまた、「九条の会」が「中央集権的でなく、横の連絡をつけること」のために結成されたということを明言した。プログラムの後半は、この運動の精神を体現していた。

後半、参加者は、会場の規模と部屋の数に合わせて、またほとんどの参加者が自分たちの活動を短く紹介するために十分な、小規模の一一のグループに分かれた。これらのグループでは、異なる種類の草の根の会が、タイプやレベルによって分けられることなく交流した。これらの少人数の分科会で、数百人の参加者が彼らの活動について報告した。ある分科会では、一人の参加者が、彼ともう一人の二人だけで「九条の会」を立ち上げ、報告当時には四人で活動しているという報告をした（九条の会 2006：94）。また別の分科会では、東京の浅草で活動する一つの会についての報告があった。このグループはその歴史を戦前にまでさかのぼり、自分たちの会を「天狗講」と呼んだ（九条の会 2006：103）。これらの対照的な事例は、「九条の会」は誰もが参加でき、どんな形をとってもよく、そしてすべての会は平等に扱われるということを実証している。「第一回全国交流集会」は、この運動とその急速に発展するネットワークのエネルギーを集中させるために重要であり、また同程度に実験的でもあった。

また、多様な専門性をもつ参加者による全国的なネットワークとして、「九条の会」は映画制作のような大規模な活動を行うための資源をも有していた。二〇〇八年に「第三回全国交流集会」が開かれる頃、「映画人九条の会」は、鈴木安蔵という憲法学者の、日本国憲法の下書きをするに至る人生の旅について、『日本の青空』と題された映画を制作していた。これは、部分的には、日本国憲法を米国の押し付けであるとする典型的な改憲派の主張の誤りを証明するための努力である。二〇〇八年の全国交流集会でのある分科会での交流を通して、多くの草の根の会がそれぞれの場所でこの映画の上映会を開くために動いていることが明らかになった。これは、「九条の会」のメンバーたちにとっては映画製作のような大規模プロジェクトも可能であるということの例だが、またそれは、「九条の会」にプロの映画製作者の会があるだけでなく、このような一つの「九条の会」がボランティアで作ったような非営利映画であっても、それを上映して鑑賞する何千もの草の根の会とそのメンバーたちがいるからこそ可能なことでもある。また、映画上映会のようなプロジェクトを通して、近隣の草の根の会は協力し、相互につながりを強めることができる。そしてその経験は全国交流集会で共有され、それが自分たちのところでも上映会をやりたいと考えている会にとっての刺激となる。全国交流集会の参加者たちは、各々のユニークな運動実践についての物語を交換するうちに、彼らの運動を前に進めるという共通の目的意識を発展させるようだ。

交流集会のプログラムとして位置づけられている演壇からのスピーチは、たいてい最初の「九条の会」が彼らの運動を進めるために重要だと見なしているテーマに関係しているものである。例えば、二〇一一年に開かれた「第四回全国交流集会」では、原子力発電所問題が中心課題であったことは確かだ。それに加えて、この集会で共有された経験には以下のようなものがある。すなわち、「九条の会」の行動がより多くの人々に対してインパクトを与えるために、運動をどのようにして拡大するか。どのようにして憲法を支持する署名を過半数から得るか。そして、草の根の会をすべての中学校区につくり、そして最終的にはすべての小学校区につくるために、どのようにして彼らの戦術を前進させるか、などである。プログラムはまた、米軍基地の存在による沖縄の継続的な苦闘などの長年の課題も紹介し、「九条の会」としてこの問題にどのように協力できるかなどが議論された。

理論的用語で言えばこれは、「複合的で横断的な一揃いの関係が、社会的設定内部の対話的動力によって維持されている」（Mische 2003 : 259）、イベントレベルのネットワークの力学である。この体系において、「九条の会」の参加者たちは、その局地的制限を超え、「高密度に編み込まれたグループの限界を破り、ずっと広範な見込み盟友の集合と繋が」っていった（Diani 2003 : 17）と言えよう。

地域交流集会

最初の「九条の会」はまた、草の根の会が「ブロック別交流集会」を開くよう働きかけている。一般的にブロックとは、例えば東北、北越、関東、近畿、中国、九州、四国地方など、複数の都府県を合わせた日本の行政区域のことだ。北海道と沖縄はその規模と地理的隔離からしばしば単独の区域とされるが、沖縄は九州地方に含まれることもある。前章で実証したように、クリアリングハウス・チャプターは県内の草の根の会の間のつながりを促進する。同様に、地域交流集会を主催するために協働することが、その地域の会同士のつながりを促進する。このことは、最初の「九条の会」が猛烈なネットワーキングの推進者であることを物語っている。最初の「九条の会」は草の根の会が運動のネットワークにおけるすべてのレベルでつながりをつくり、そのつながりを強めていくことを奨励している。「九条の会」のネットワークはこうして発展拡大し、つながりは日本社会のあらゆるレベルと単位において強められている。

最初の「九条の会」の主要な活動についてよく見ると、「九条の会」の活動は本質的に実験的であることに気づく。全国交流集会と憲法セミナーシリーズは開ける時には開かれるようだが、定期的に開かれるわけではない。ニュースレターとメールマガジンは頻繁に発行されているが、その間隔も定期的ではない。一つ一つの活動は、必要な時に求めうる資源を使って組織されているようだ。草の根の会の活動にも、同様の特徴がある。

とはいえ、最初の「九条の会」の活動の一つ一つは明確な目的をもっている。一般公衆に開かれた憲法セミナーやその他の講演会シリーズを主催し憲法リテラシーを高めることで、最初の「九条の会」は第九条の重要性について公衆を啓蒙するため懸命に活動している。同時に、ニュースレターとメールマガジンを絶え間なく発行することで、最初の「九条の会」は成長し続ける草の根の会のネットワークを発展させ維持するために働いている。全国交流集会を通しては、最初の「九条の会」は参加者に彼らの水平的なつながりを強化するための機会を提供している。こうして、最初の「九条の会」は、象徴的かつカリスマ的な主導者としての「呼びかけ人」の機能に依拠しながら、運動の情報局としても機能している――最初の「九条の会」はスローガンや目標とともに、最新情報と、彼らの活動に関係する進行中の政治的変化を理解するための分析の道具を供給している。最初の「九条の会」は、国レベルで「九条の会」のネットワーク全体をつなぎながら、草の根の会の参加者を動機づけ、また勇気づけている。最初の「九条の会」はまた、時折起こる重大な課題に素早く対応し、その都度社会的現実との関係における運動の役割と目的を真剣に熟考することを通して、変化する状況に対して運動の妥当性を維持し続けている。

その活動の初めの数年間で、「九条の会」は日本社会にとって決定的に重大な社会政治的時期に対処した。二〇〇六年の全国交流集会でのスピーチで加藤が説明した通り、当時日本は第九条がその中心にある岐路に立っていた。一方の道は戦争に繋がり、他方は平和に繋がっていた。その間、草の根の会の数は増え続けていた。二〇〇五年には三〇二六を数え、二〇〇六年には五一七四、そして二〇〇七年には六七三四を数えた。「九条の会」のネットワークの拡大は何を生み出しただろうか？　次章では、これら数千もの草の根の会と最初の「九条の会」の日々の活動の重要な成果について見ていこう。

【文献】

九条の会「九条の会 全国交流集会報告集」、二〇〇六年。

Mische, Ann, "Cross-talk in Movements: Reconceiving the Culture-Network Link", *Social Movements and Networks: Relational Approaches to Collective Action*, edited by Mario Diani and Doug McAdam, Oxford, Oxford University Press, 2003.

Diani, Mario,and Doug McAdam, Eds., *Social Movements and Networks:Relational Approaches to Collective Action*, Oxford, Oxford University Press, 2003.

第5章　初めの分水嶺、そして新たな脅威

第九条についての世論の逆転、安倍の辞任、政権交代

二〇〇七年は「九条の会」の運動にとって初めの分水嶺となった。二〇〇七年一一月二四日に開かれた「第二回全国交流集会」の二ヶ月前、安倍晋三が総理大臣を辞任した。重病がその理由だった。集会の冒頭で、小森陽一は勝利のスピーチをし、彼らの成長する運動のために新たな提言を行った。

九月一二日、突然、安倍晋三前首相が辞任をいたしました。一一月二日、突然、福田首相と小沢民主党代表が党首会談を開いて大連合ということをぶち上げました。そして、一一月四日、それが通らなかったため小沢民主党代表が辞任を表明する。……この出来事の

一つ一つに、実は、「九条の会」が三年前に結成されて、その呼びかけに応えて、皆さんが草の根から運動を積み重ねられてきた、そのことの大きな力が宿っていると思います。……憲法施行六〇周年の今年の五月三日の記念日に発表された新聞社、その他報道機関の世論調査では、九条に関しては変えない方がいいと思う人が、すべての調査で多数派を占めました。その力が、安倍晋三政権を崩壊させた力の一つだったと思います。でも、現時点ではまだ九条を変えない方がいいという世論です。ここをもう一歩、変えてはいけない、変えずに、九条を使って、本当に生かして、この日本から平和の具体的な実践的な可能性を追求していく。今日この会を、その新しい運動の出発点にさせることができればと、この会を準備してきました運営委員会一同、心から願っております（九条の会 2007 : 4）。

二〇〇七年当時、日本全国には六七三四の草の根の会が存在し、集会の参加者は四七都道府県のすべてから集まった。この集会における呼びかけ人のスピーチもまた、彼らがその運動の初めの成果を喜んだことを示している。彼らは「九条の会」の結成以来の三年間についての個人的内省を共有し、どのようにして次の段階へ進むかについて話した。奥平康弘は、「九条の会」への参加を通しての彼自身の学びの経験について振り返りながら、彼らの運動が改憲のたくらみを粉砕することに集中し続けるべきだと提案した。

事務局長の小森さんのお話にありましたように、「九条の会」の本質は九条を守り生かすことにありますが、憲法改正問題というのはやはり揺れ動く政治状況の中にあるものですから、おのずからこの度の政権交代のような突発事故に出会うのは不可避です。……これが憲法改正問題にどうかかわるかということ、その関わり方いかんによっては、今後どうしたらいいのかという心構えにも関係してくると思います。この度の政治変動は、主として日本の政治支配層の側の事情に起因するもののようですが、しかし、「支配層の側の事情がどうあろうと、こちら方は」という問題の立て方もありうるわけだし、それからまた、「今度の政治変動は、憲法改正という保守体制の年来の大方針に、日程上の変更をもたらすことはありうるとしても、大局の変化は生じることはなかろう」という捉え方もありうる。不確定要素というものがあるにしても、我が道を行くと言いましょうか、従来から考えている路線を、我々の論理で、我々の力で、確信をもって前へ進めていくということ、つまり憲法改正というとんでもない暴挙をたたきつぶすことに全力投球するほかあるまい、と思います（九条の会 2007 :5）。

加藤周一は憲法を「守る」ことと「生かす」ことの違いについて考え、彼らの運動は憲法を「守る」ことに加えて「生かす」ことをしようと提案した。大江健三郎は、自身が被告である裁判——彼は、アジア太平洋戦争中の沖縄における陸上戦の終わりに、沖縄の人々がどのようにして日本軍によって自殺を強要されたのかを詳述した著書『沖縄ノート』のために、沖縄戦で日本帝国軍を指揮した司令官の遺族から起訴された――での最近の経験を共有し、第九条とともに日本国憲法第一三条（個人の尊重、生命・自由・幸福追求の権利の尊重）の重要性について指摘した。澤地久枝と鶴見俊輔は、同年七月に他界した小田実の思い出を共有し、彼の遺志を引き継ぐことを強調した（九条の会 2007: 8-17）。

二〇〇八年、「九条の会」の運動は上昇途上にあった。草の根の会は七二九四を数え、これは前年から四九三の増加であった。この間に、第九条改変に対する世論は逆転していた。二〇〇八年四月八日、読売新聞は全国世論調査の結果について、たった一％（四二％の改憲賛成に対して四三％が反対）ではあるが「憲法を変えない方がいい」と考える人の数が「憲法を変えた方がいい」と考える人の数を一五年ぶりに上回ったと報じた。また同紙は、一年後の二〇〇七年四月六日、同紙の世論調査では「憲法を変えない方がいい」と考える人の数は二〇〇五年以降三年連続で増加しており、一方で「憲法を変えた方がいい」と考える人の数は減少していると報じた。小森陽一は、二〇〇八年の全国交流集会の冒頭のスピーチでこのニュースについて報告し、世論調査におけるこの変化が「九条の会」の結成とそのネットワークの広がりの過程と同時に起こっているということ、そして彼らの日々の努力が世論に影響しているということを強調したのだった（九条の会 2008: 4）。

他方、もう一つの全国紙である朝日新聞が行った世論調査は、日本は第九条を維持した方が

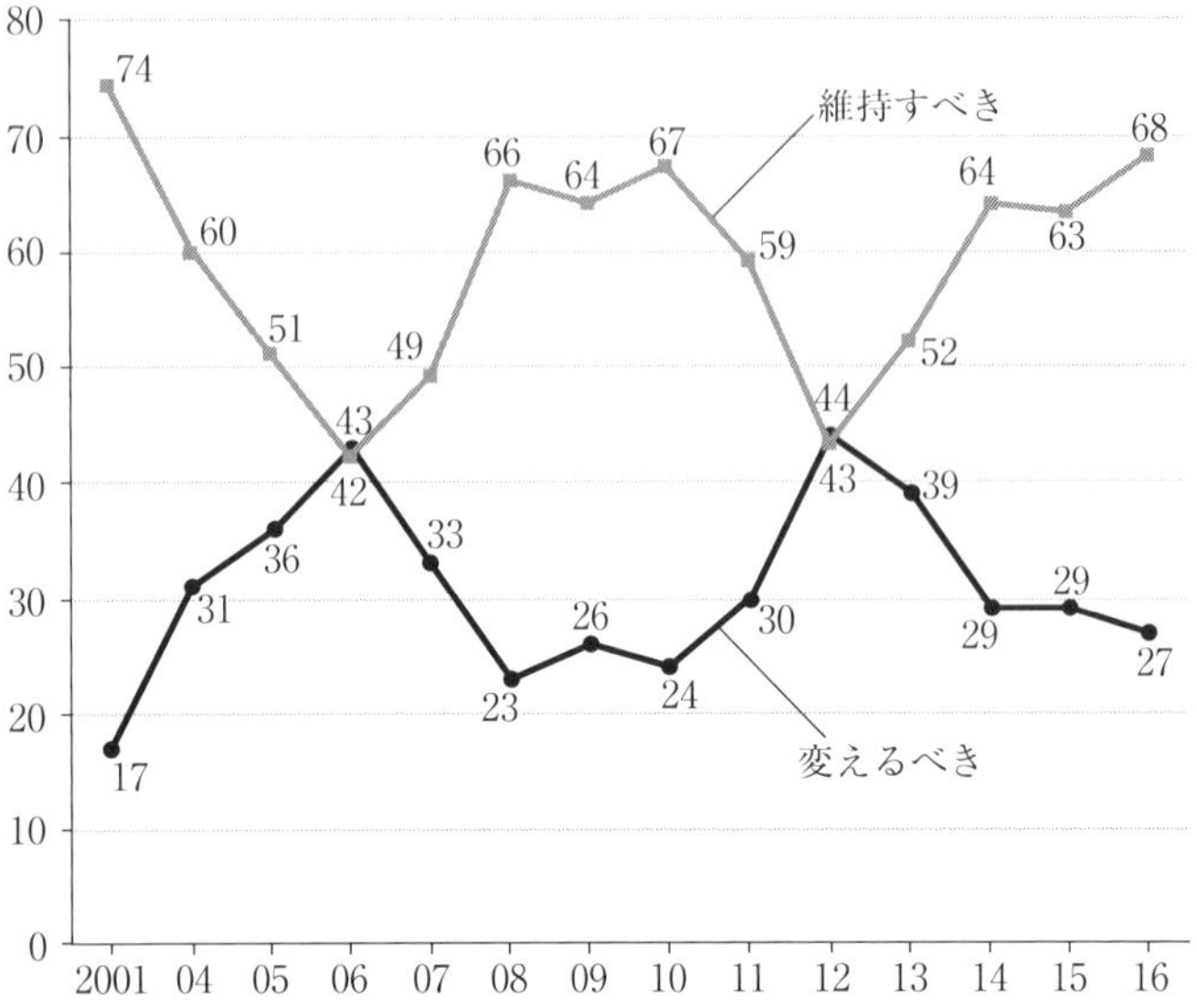

表２　憲法第九条に対する世論の変化（朝日新聞聞蔵Ⅱビジュアル 2001-2016 をもとに筆者作成）

良いと考える人の数は二〇〇一年から二〇〇六年の間減少し続けており、一方で日本は第九条を変えた方が良いと考える人の数は増加していることを示した。しかし、**表2**に見るように、この傾向は二〇〇六年に止まり、そして逆転しており、第九条に対する世論の劇的な変化を示した。

読売新聞の報じた改憲に対する世論調査の逆転と時期を同じくして、第九条を維持したいと考える人の割合は二〇〇八年までに六六％に回復していた。**表2**はまた、第九条を維持すべきとする世論は二〇一二年に再度減り、その後でまた回復していることを示している。この第二の減少の理由については次節で説明する。

Yamada&Kim（2016）によると、自衛という課題に対する世論調査の結果は、アンケートの質問に対して用意された回答選択肢の数によって異なるという。彼らは、「賛成」と「反対」の二つの選択肢のみ用意したものと、「賛成」を二つの回答に分け、集団的自衛権の行使を認めるにあたって異なる手段を提示した二つのアンケートを比較した。その結果、「賛成」の選択肢が二つある場合において、より多くの回答者が「賛成」を選んだ。この結果は、選択肢の分割は回答者の理解の範囲と心理的な受容可能性を広げ、そのことが選択率を上げるということを示している。

前掲の世論調査の結果については、読売新聞と朝日新聞の両社とも、それぞれの改憲と第九条についてのアンケートの各回答に対して同数の選択肢を与えていたことから、この「選択肢分割効果」によるバイアスはないと考えてもよいだろう。事実、これらのアンケートは、改憲を支持する人々が必ずしも第九条を変えたいと考えているわけではないことを明らかにしている。むしろ、回答者の一部は、第九条の改変以外の理由で改憲に対して寛容であり、憲法により多くの権利が書き込まれる必要を感じている。これら一連の、二つの全国紙による世論調査が基本的に提示するのは、日本人は改憲の議論についてはそれが彼らの権利を向上するものである限りは寛容で、第九条は維持したいということである。しかし、改憲が第九条改変を含まなければならないのであれば、彼らは憲法には触れないでいようとするだろう。

この結果を、憲法に対する支持は、第一次安倍政権（二〇〇六―二〇〇七）のように政府が改憲を強要しようとした時に強まると分析することもできよう。このことは、日本人が民主的過程に非常な重要性を認めており、合意なしの改憲を望まないということを示している。そしてそれは、仮に政府がそれほど強制的でなく、安倍が第九条改変の願望をあれほど公然と主張しなければ、もし「九条の会」が存在しなくても、世論調査はより緩慢な変化を示していたかもしれないということを示唆している、と考えることもできる。しかし、そもそも「九条の会」は、二〇〇〇年の国会における憲法調査会の設置という、憲法と第九条に対して政府が公然と攻撃を仕掛けようとしたその試みに反応して結成されたのだった。もし政府の態度が世論の変化の主要因ならば、憲法と第九条に対する支持は二〇〇四年の「九条の会」の出現を待たずに、二〇〇〇年直後から強まるはずである。しかしその反対に、**表2**が示すのは、第九条に対する支持は二〇〇一年以降弱まり、二〇〇七年を過ぎて初めてこの傾向が逆転したということだ。また、小森が二〇〇七年の読売新聞世論調査について報告したように、憲法に対する支持は二〇〇五年以降に強まりはじめた。

これらの理由から、より正確な理解は、仮に「九条の会」が出現しなかった場合には、政府が同じように行動したとしても、世論調査はより緩慢な変化を示したかもしれないということになろう。いずれにせよ、ここで提示されたすべての出来事のタイミングと実際の成り行きは、世論におけるこれらの変化を引き起こしたのは「九条の会」の出現とその活動の発展だったということを、強く示していると言えよう。

このように、「九条の会」の運動は確かに世論に影響した。「九条の会」は、二〇〇〇年代初頭に続いていた、第九条を維持したいと考える人の数の急激な減少を止め、第九条に対する支持をほぼ二〇〇一年以前の水準にまで回復させることに成功した。この世論の変化が、自分の任期中に憲法を変えると公約した安倍首相の二〇〇七年の辞任に繋がったことは明らかである。

また、この後の数年間で第九条に対する世論の支持が急激に強まる中、自民党は政権を失い、二〇〇九年には民主党が政府をつくった。この新しい政府は改憲問題の扱いには慎重だったため、第九条にとっての当初の脅威はひとまず取り除かれた。「九条の会」はその後の数年、二〇一一年春の三重災害が「九条の会」の運動にとっての新たな段階の到来を告げるまでの間、全国交流集会こそ開かなかったが、地道な活動を続けていた。

3・11三重災害への対応：運動の範囲の拡大

二〇一一年三月一一日、マグニチュード9の地震と巨大な津波が東北日本の海岸線を襲った。さらに、福島県の海岸線にある小さな町に建っていた原子力発電所の爆発が、壊滅的な被害をもたらしたこの自然災害に続いた。この三重災害は、日本をその核心まで震撼させた。地震と津波は数万の命を奪い、多くの人々が家族や家を失った。核の事故は数万の人々に、いつ戻れるかもわからないまま故郷からの避難を強要した。避難した農民は、家畜やペットが野生化するのを放置せざるを得ず（畜牛を殺すように命じられた人すらいた）、漁民は水産施設の壊滅のためだけでなく、放射性物質による海洋汚染のために漁ができなくなった。このようなひどい生活の破壊は、自殺などによる死の原因ともなった。

民主党の主導する連立政権は、沖縄の米軍基地を撤廃すると大胆にも宣言した後に辞任に追い込まれた鳩山由紀夫の後を継いだ菅直人首相のもと、国会内での足場を維持することに苦労しながら、この未曾有の規模の災害に対処することになった。しかし、深刻な大災害を前に、特に放射能汚染への恐怖が全国に広がる中、政府と福島第一原子力発電所を経営する東京電力は、被災者の求めるものを与えることができなかった。

この状況が、第九条に対する世論に重要な変化をもたらした。二〇一一年には、第九条に対する支持は前年の六七％から五九％に落ち込み、翌年には四三％まで下がった（表2参照）。三重災害の発生以降、最重要課題は一時的に改憲から国家の復興へ移った。国を挙げた救済と支援の努力の中、自衛隊の救済活動が助けになると受けとめられ、このことが国家の安全のために必要な組織であるという自衛隊のイメージを促進した。第九条を改変しようとする試みは常に自衛隊の宣伝を伴うのであり、このことは世論の変化にとって重要な要因の一つである。実際に、同様の現象が阪神・淡路大震災の後にも観察されている。これはまた、民主党政府に対する支持の弱まりと、自衛隊を軍事力として推進する自民党的志向の枠組みの回復の反映であると見ることもできよう。

このように、3・11災害は日本社会の政治社会的文脈における重要な変化を引き起こし、また一方では、その内側から新しい社会運動が台頭する、新たな政治的脅威／機会をつくりだした。災害後の初めの一ヶ月間は、憂鬱なほど静かな雰囲気が日本社会を包み、人々が方向感覚を失ったかのようであった一方で、素早い復興に向けて国民の団結を促進するために自衛隊と地元の消防隊による救済活動が絶え間なく報道されていた。しかし徐々に、このような状況に違和感をもっていた人々が、自分たちの不満を表明しはじめた。初めの街頭デモは、二〇一一年四月一〇日、東京の高円寺という地域で突然現れた。多くを驚かせたのは、そのデモが、六〇代や七〇代ではなく、三〇代後半から四〇代前半の人々のグループによって組織されたことである。さらに、そのデモは巨大なトラックの上でロックバンドに演奏させ、そのトラックがデモの行程を通して千人以上もの人々の隊列を率いていた。様々な若い世代のグループによって組織された無数の反核デモが、この今では有名になった「素人の乱」の主催した「原発やめろデモ」に続いた。それらのグループのうちには、後に二〇一二年の三月から毎週継続的に首相官邸前での集会を開いている「首都圏反原発連合（反原連）」を組織した人々もあった（第6章も参照）。

三重災害はまた、福島や宮城などを含む被災地の草の根の会のメンバーの多くを襲った。このことが、「九条の会」の活動再開と、「第四回全国交流集会」の開催を求めた。災害は、「九条の会」の運動の参加者に自らの立ち位置、特にその第九条を守るというスローガンのもとでの「一点共闘」の妥当性を再考させた。「九条の会」の運動の参加者は、この難問に対し、集団的に、また個人的にも取り組んだ——原子力発電所の問題はどのように第九条と憲法に関連するのか？「九条の会」はどのようにこの問題と向き合うべきか？「九条の会」としてこの問題を扱うことはそもそも正しいのか？

二〇一一年一一月一九日に開かれた「第四回全国交流集会」の大半は、これらの新しい課題のために費やされた。集会プログラムでは、これらの課題に取り組んできた草の根の会や、また津波と原子力事故によって直接的な被害を被った人々からも多くの報告があった。当然、最初の「九条の会」の「呼びかけ人」たちもそれぞれのスピーチでこの事件に言及し、それがどのように第九条と憲法に関係しているのかについて話した。大江は「憲法の文化と福島」と題し、直接にこのテーマについて話した。

……この憲法ができる前の段階で、日本人がどういうことをアジアで行ったかということと、そして広島と長崎であれだけの大きい被害を自分らも被った、東京も焼けてしまうということがあった。……なにより日本人は世界に先だって、広島・長崎の原爆を被ってしまった、それによる被爆者たちの苦しみは今も続いている、この事実がそれ自体で私たちがもっている戦後の文化の特質です。それに立って、これを繰り返すまいと考えている、それは被爆者たちの思想が、私らの文化となっている、ということです。……ところが今、その私らの憲法文化の中心にあるものに、大きい問いかけが向けられています。戦後の私たちが担ってきた原理、それによってこの憲法が作られなければならなかった原理を、私らが本当によく記憶し続けているか、という問いかけです。それは「フクシマ」から発せられています。「ヒロシマ」があり「ナガサキ」があった。そして今「フクシマ」があるではないか、という問いです。……「フクシマ」は外国からの核攻撃によるものではない。しかし、「フクシマ」の子どもたちは内部被曝によって、あと二〇年、三〇年たてばどうなるかわからないという、広く深い不安とともに生きてゆかなければならなくなった。それは日本人が今ある憲法文化と共存させた原発をもつことによって担い込んでしまったものです。それに日本人は、いま現在の自らの憲法文化において、どのようにやり直し、どのように根本的な変化をみちびくことができるか？　まずそれを私たちが自分らの、今現在の憲法によって作ってきた文化として検討し、世界に示し、なにより私らの子どもらの時代へと渡すものとして捉え直さなければならない。そのためにはまず、今「フクシマ」で起こっている被害を最小のものとするために力を尽くさなければならない。そしてそれがこの国の数多い原発でもう一度起こることのないように、私らは全力を尽くさねばなりません。それを未来に向けての実際的な私らの態度決定に繋がねばなりません。それを憲法の課題として、地方、地方で確認しながら生きていられる皆さん方が、ここに集まってその互いの考えを確認し合われる。その集まりの意味をこれまで以上に強く感じます（九条の会 2011:2-5)。

3・11災害は、ほとんどすべての分科会で議論にのぼった。「宮城女川九条の会」の事務局長による報告は、災害がこの会のメンバーに与えた衝撃の程度を示した――災害当日、一万人の女川町の住民のうち、八三〇人が死亡した。そのうちの二〇人以上は報告者の会のメンバーで、その中には会の事務局次長も含まれていた(九条の会 2011:16)。報告者自身も含め、生存者の多くは自宅を失い、仮設住宅に住んでいた。多くはまた、他県に住む親戚のところへ避難していた。

このような状況のもと、「九条の会」の活動を通してつくられたネットワークが、はからずもセーフティネットとして機能した。福島の原子力事故によって最も深刻な被害を受けた自治体の一つである相馬からの報告者は、「九条の会」の活動によって築かれたネットワークが、避難者同士の連絡を回復するための助けとなったと報告した。福島第一原子力発電所の爆発の後の強制避難によって、彼の会のメンバー間の連絡は一度途絶えた。数ヶ月間の分離の後、会のメンバーの間で共有されていた個人連絡先を一つ一つ集めていくことで、ついに彼らはお互いを見つけ、連絡を再開することができた。この努力は、福島県内の「小高九条の会」という草の根の会のメンバーである一人の男性によってはじめられた。埼玉県内の避難先に到着してから三ヶ月後、彼と彼の妻は自分たちの携帯電話に保存されていた電話番号に電話をかけはじめた。彼らは友人たちの新しい住所を集め、ニュースレターを作り、「川房の皆さんお達者ですか」という挨拶とともに発送した。この郵便物は避難者たちを大いに勇気づけ、このニュースレターを受け取った人々は彼らの写真や同じ出身地の友人たちの連絡先を送り返し、中にはニュースレターの発行に貢献したいと切手やお金を同封した人もいた。この感動的な物語はマスメディアの注目を集めた。初めにある新聞に紹介され、そして全国テレビ局が取材し、最終的にはNHKワールドニュースで紹介され、この番組は一二〇カ国で放映された（九条の会2011:31-33）。この事例は、地域に根ざしたつながりの強い人間同士のネットワークの重要性を実証している――災害が私たちの共同体を襲う時、このようなネットワークは、被災して援助を必要とする人々にとって最も必要なものとなる。共同体が強いところでは、人々の生存可能性がより高いのである（Aldrich and Meyer 2014）。

二〇一一年の全国交流集会が、原子力発電所問題は憲法に近接した問題であり、「九条の会」は自らの問題としてこの課題に取り組むべきであるという基調を敷いたことは疑いようもない。実際、大江と澤地はこの時すでに新たな反核運動で活動していた。多くの草の根の会もまた、彼らの地域で反核イベントを主催しはじめていた。このように、「九条の会」は第九条に焦点を当てたまま、その運動の範囲を拡大しはじめた。

新安全保障法制に対抗するための改憲派との共同

第九条に対する世論が予言した通り、二〇一一年は短命な民主党政府の最後の年となった。日本の人々が3・11三重災害に対するその政府の取り組みに満足していなかったのは明らかであり、二〇一二年の総選挙で民主党政権は終わった。そのかわりに自民党が復活し、第二次安倍政権を発足させた。再び、第九条に対する世論が逆転した時に政権交代が起こった――二〇一二年当時、四四%が第九条を変えるべきだと考え、四三%が維持すべきだと考えていた（**表2**参照）。

第二次安倍内閣は憲法改変の問題を復活させ、これは「九条の会」にとって新たな挑戦を意味した。「九条の会」は、改憲勢力の新たな動きに対し、草の根の会こそ多くとも、国レベルではより少ない資源をもって対峙していた。その時点までに、九人の呼びかけ人のうち加藤周一、小田実、井上ひさし、三木睦子の四人はすでに他界しており、鶴見俊輔は重病だった。残った四人の呼びかけ人、大江健三郎、澤地久枝、奥平康弘、梅原猛はまだ健在で、大江と澤地は新たな反核運動でも中心的役割を果たしていたが、年齢を重ねていた。多くの草の根の会の参加者も、高齢になっていた。最初の「九条の会」は、改憲を阻止するための運動を前進させるために、元々のネットワークの外側にある新たな資源を活用することに、その努力のすべてを集中させる必要があった。

この新しい状況に率先して対処するため、最初の「九条の会」は二〇一三年一〇月七日に記者会見を開き、「集団的自衛権行使による『戦争する国づくり』に反対する国民の声を」と題した新しいアピールを発表した。翌日発行のニュースレターがその全文を掲載した。


日本国憲法はいま、大きな試練の時を迎えています。安倍首相は、「憲法改正は私の歴史的使命」と憲法の明文を変えることに強い執念をもやす一方で、歴代内閣のもとでは「許されない」とされてきた集団的自衛権行使に関する憲法解釈を転換し、「戦争する国」をめざして暴走を開始しているからです。

日本が武力攻撃を受けていなくともアメリカといっしょに海外で戦争するという集団的自衛権の行使が、「必要最小限度の範囲」という政府の従来の「自衛権」解釈から大きく逸脱することは明白です。それどころか、日本やアメリカの「防衛」ではなく、日米同盟を「世界全体の安定と繁栄のための『公共財』」（防衛省「防衛力の在り方検討に関する中間報告」）とみなし、世界中のあらゆる地域・国への武力介入をめざす体制づくりです。

この企ては、本来なら衆参両院の三分の二以上と国民投票における過半数の賛成という憲法「改正」の手続きを経なければ許されない内容を、閣議決定だけで実現してしまうものです。そのため、長年にわたり集団的自衛権行使を違憲とする政府の憲法解釈を支えてきた内閣法制局長官の入れ替えまで行いました。麻生副総理が学ぶべきと称賛したナチスがワイマール憲法を停止した手口そのものです。これは立憲主義を根本からつき崩すものであり、とうてい容認することはできません。

それだけではありません。安倍内閣は、自衛隊を戦争する軍隊にするために、海外での武力行使に関する制約をすべて取り払い、「防衛計画の大綱」の再改定により、「海兵隊的機能」や「敵基地攻撃能力」など攻撃的性格をいちだんと強めようとしています。

「戦争する国」づくりにも足を踏み入れようとしています。すでに安倍内閣は、防衛、外交に関する情報を国民から覆い隠し首相に強大な権限を集中する「特定秘密保護法案」や日本版ＮＳＣ（国家安全保障会議）設置関連法案などを臨時国会に提出しようとしています。自民党が作成した「国家安全保障基本法案」では、「教育、科学技術、運輸、通信その他内政の各分野」でこれらの「安全保障」政策を優先させ、軍需産業の「保持・育成」をはかるとしているばかりでなく、こうした政策への協力を「国民の責務」と規定しています。これを許せば、憲法の条文には手をふれないまま自民党が昨年四月に発表した「日本国憲法改正草案」における第九条改憲の内容をほとんど実現してしまいます。

さらには福島原発事故の無責任と棄民、原発技術輸出の問題、その他問題山積の現状があります。

戦前、日本国民はすべての抵抗手段を奪われ、ズルズルと侵略戦争の泥沼に巻き込まれていった苦い経験をもっています。しかし、いま日本国民は国政の最高決定権をもつ主権者であり、さらに侵略戦争の教訓を活かした世界にも誇るべき九条を含む日本国憲法をもっています。いまこそ日本国憲法を守るという一点で手をつなぎ、歴史の教訓に背を向ける安倍内閣を草の根からの世論で包囲し、この暴走を阻むための行動に立ち上がりましょう。

このアピールが警告した通り、国家安全保障会議設置法案は二〇一三年一一月七日に衆議院を通過し、参議院に論戦の場を移した。同日、特定秘密保護法も衆議院に提出された。その年の終わりには、後者は強行採決され法律となった。前掲したアピールにある現状分析に基づいて、この問題に正面から取り組むため、二〇一三年一一月一六日に「九条の会第五回全国交流集会」が開かれた。集会冒頭のスピーチで小森陽一は、安倍内閣によって提出された新安全保障法制の目的を以下のように説明した。

国家安全保障会議の設置は、たんに一つの会議ができるということではありません。これは、内閣総理大臣、官房長官、防衛大臣、外務大臣という少数の閣僚だけで日本の外交や安全保障の問題を討議し、判断してしまう国家機関です。軍事的な行動をそこに集約して判断する、そういう機関が作られようとしているわけです。当然のことながら、アメリカとの軍事的な情報を共有することになる。そのことを口実に特定秘密保護法が必要不可欠であるという論理で押してきているわけです。そしてこの法案を通した後、年末には安全保障をめぐる、様々な全体像をもった法案が出されてくる。そして、それが揃えば、閣議決定だけで、自衛隊が海外で武力を行使することを可能にする、解釈改憲による「戦争をする国」へ突き進むのです。これが今問題になっている「集団的自衛権行使の容認」ということです。……いま何が一日、一日起きているのかを正確に判断し、二〇一三年一〇月七日の「九条の会」アピールを踏まえて言葉にしていく。その各地の「九条の会」の言葉をどれだけ早く、そして正確に、多くの国民に伝えることができるかどうか。ここにすべてはかかっています（九条の会 2013:4）。

このように、小森は集会の参加者のために状況を説明し、この状況をはねのけるためには「九条の会」の草の根レベルにおける素早く正確な発信行動が必要だと呼びかけた。残った三人の呼びかけ人、大江健三郎、澤地久枝、奥平康弘も、それぞれのスピーチで現在の政治状況の緊急性を論じた。奥平は下記のように、極めて正確な指摘をした。

……主として特定秘密保護法というものをどう見ていくか……基本的には、あれは絶対通してはいけない。通したら大変なことになる。通したら、憲法改正問題でいえば内堀が埋められるような、そのような目論見のもとにつくられたものだと思います。……これはあそこを直したらいい、ここを直したらいいという種類のものではなくて、まさに象徴的な意味があって、……我々は何としてもここで踏ん張って、これを亡き者にしなければならない。そういう意味でもっともっとこれに集中し、……断固これらに対するたたかいをしていきましょう（九条の会 2013：5-8）。

奥平に続き、澤地もまた特定秘密保護法を批判した。

私は、特定秘密保護法案の全文を読みました。何度読んでも意味が通らないのです。「特定」といっているけれども特定できない。何らかで秘密漏洩に関わった人は懲役一〇年あるいは五年、一〇〇〇万円もしくは五〇〇万円という罰則です。法律そのものとしては、あんなに無限定で、どんなこともできるような法律は前代未聞であろうと思います。……（この法案の）一番の本質は、アメリカが日本にやらせたいと思っている役割を、日本が自ら進んでやろうということだと思います（九条の会 2013：9-10）。

澤地はまた、第九六条を改定しようという政府の試みについて批判した。

どうやれば憲法を変えられるか。憲法は衆参両院の全議員の三分の二以上が賛成して発議した時に、初めて国民投票にかけられると決めています。九六条です。国民投票は多数決（過半数）ですね。戦後六八年の歴史の中で一度も問われたことはないんです。そこでまず九六条を変えよう、という話がでてくる。……政府は憲法九条にこだわっている日本市民の気持ちを無視したい。憲法を変える手続きをもっと簡単にしたい。しかし、これは市民運動というようなものがひろがってきて、簡単ではないと思ったんですね。事実上憲法を骨抜きにして、憲法を乗り越えて、やろうと思っていることができればいいではないかと政府は考えたと思う。……さらに今、特定秘密保護法などというものを作って、政府筋がどんなことをやろうとしているか。私はこの反動的政府に反対する以外ないと思います（九条の会 2013：9-12）。

澤地はこのスピーチの中で、憲法の現在の危機と、沖縄の米軍基地問題と福島の原子力発電所に対する政府の無責任な取り組み方とを結びつけた。彼女はその演説中一貫して、帝国日本によってその家族全員を満州に捨てられた一四歳の愛国少女としての自身の体験が、国というものに対する信頼を完全に失わせたという点を強調した。彼女は、「国家と軍隊、それに連なる一切がきれいに消えていった」（2013：12）瞬間を体験したのだ。その時から彼女は、国はそれを構成する人々がいて初めて存在できるのであり、個人の権利こそが最も重要であると確信している。
澤地に続き、大江は、私たちが守らなければならない「最も根本的なモラル」についてスピーチをした。

私は、二つのフランス語について話したいと思います。一つは、リーブル・エグザマン、自由に検討する、という言葉です。この……言葉は……フランスのルネッサンスの一番重要な言葉です。……まだ高校にいる間に、私は東京に行って教わる先生を決めていました。渡辺一夫というフランス文学の先生でした。……学年の初めに先生に教わったフランス語が、リーブル・エグザマンという言葉。一六世紀のフランスルネッサンスの文化的な核心にあった人間の態度、自由検討の精神。その時代のあり方、国の社会の進み方が人間らしくないと思ったら、それをはっきりと検討して作り変えること、それが一番人間らしく生きることなんだ、それが人間として生きる根本にある、本質なんだと先生は話された。……私はその通りだと思ったんです。……もう一つのフランス語の表現として示したい……それはミラン・クンデラという作家が用いている表現です。……「私たちがやらなければいけないこと。現在生きている人間がやらなければいけないことはただ一つだ……それは今私たちが生きているこの世界を破壊しないで次の世代に渡すことだ。それが私たちの根本的なモラルだ」と彼は言います。クンデラのフランス語のままで引用すれば、ラ・モラル・ド・レサンシェルです。この根本的なモラルというものを我々は守らなければならない。放射能によって、私らが今生きている世界を次の世代が生きてゆけない世界にしてしまうことは、人間としての根本的なモラルに反することである。……今現在の私らの憲法をどう守るか。国際情勢の現在の緊張のなかで、今の憲法によってどのように私らの未来を守り抜くか、それは今日のシンポジウムで討論され、皆さんがあらためて確認されたことです（九条の会 2013：13-15）。

大江はそのスピーチの中で、憲法改悪の問題と原子力発電所の問題を結びつけ、第九条を改変することと原子力発電所を維持することは双方とも根本的な人間的倫理に反していると指摘した。このように、小森と残った三人の「九条の会」呼びかけ人は、「九条の会」が特定秘密保護法とその他の新安全保障法制に対抗しなければならない、その理由の筋を通した。

これらの議論の後のシンポジウムは「集団的自衛権と憲法」と題し、一橋大学名誉教授であり「九条の会」事務局のメンバーである渡辺治が司会を務めた。他に招待されたパネリストは、明治大学憲法学教授の浦田一郎と、元内閣副官房副長官補の柳澤協二である。浦田は憲法改定に反対する憲法学者であり、一方の柳澤は元防衛庁エリート官僚、二〇〇〇年の自衛隊イラク派兵を決めた際に責任者だった人物である。このことは、「九条の会」の運動にとっての新しい重要な方向を示している――憲法と第九条について、「九条の会」とは異なる立場をとる人々との共同という方向である。

このシンポジウムが示したように、憲法の支持者と改憲の信奉者の両者ともが、政府の強制的なやり方は容認できないと考えていた。特に、改憲手続きに両院の三分の二の議員の承認と国民投票の過半数を要求する第九六条を書き換えることによって憲法改変のための法的手続きを飛び越えようとした政府の試みは、改憲の必要性を信じる者たちをも怒らせた。安倍内閣は、二〇一二年の総選挙において自民党と公明党を合わせた議席が三分の二を超えると、すぐさまこの計画を発表した。しかし、彼らにとって想定外だったのは、政府のこの動きに反対し、よく知られた改憲派である慶応大学法学部教授の小林節を含む三六人の法学者および政治学者たちが、二〇一三年五月八日に「九六条の会」を結成したことである。東京大学憲法学教授の樋口陽一を代表に、この新しい組織の三六人の呼びかけ人の中には、前任の北海道大学で「九条の会」を立ち上げた法政大学政治学教授の山口二郎だけでなく、最初の「九条の会」の奥平康弘、小森陽一、渡辺治など、「九条の会」の運動の参加者も含まれていた。また、この新しい組織の名称から明らかなように、その結成の発想の源は「九条の会」であった。改憲派と憲法の支持者の双方が、現在の政治状況を「立憲主義の危機」であると理解し、この新たな認識のもと、共同に向けて積極的な態度をとりはじめたのである。「九六条の会」の結成の呼びかけ文は以下のように述べている。

憲法改正手続きを定めた憲法九六条の改正がこの夏の参議院選挙の争点に据えられようとしています。これまでは両院で総議員のそれぞれ三分の二の多数がなければ憲法改正を発議できなかったのに対し、これを過半数で足りるようにしようというのです。自民党を中心としたこうした動きが、「国民の厳粛な信託」による国政を「人類普遍の原理」として掲げる前文、平和主義を定めた九条、そして個人の尊重を定めて人権の根拠を示した一三条など、憲法の基本原理にかかわる変更を容易にしようと進められていることは明らかです。

その中でもとりわけ、九六条を守れるかどうかは、単なる手続きについての技術的な問題ではなく、権力を制限する憲法という、立憲主義そのものに関わる重大な問題です。安倍首相らは、改憲の要件を緩めることで頻繁に国民投票にかけられるようになり、国民の力を強める改革なのだとも言っていますが、これはごまかしです。今までよりも少ない人数で憲法に手をつけられるようにするというのは、政治家の権力を不当に強めるだけです。そもそも違憲判決の出ている選挙で選ばれた現在の議員に、憲法改正を語る資格があるでしょうか。

九六条は、「正当に選挙された国会」（前文）で三分の二の合意が形成されるまでに熟慮と討議を重ね、それでもなお残るであろう少数意見をも含めて十分な判断材料を有権者に提供する役割を、国会議員に課しています。国会がその職責を全うし、主権者である国民自身が「現在及び将来の国民」（九七条）に対する責任を果すべく自らをいましめつつ慎重な決断をすることを、九六条は求めているのです。その九六条が設けている憲法改正権への制限を九六条自身を使って緩めることは、憲法の存在理由そのものに挑戦することを意味しています。

私たちは、今回の九六条改正論は、先の衆議院議員選挙でたまたま多数を得た勢力が暴走し、憲法の存在理由を無視して国民が持つ憲法改正権のあるべき行使を妨げようとする動きであると考え、これに反対する運動を呼びかけます。来る参議院選挙に向けて、九六条改正に反対する声に加わってくださるよう、広く訴えます（九六条の会 2013）。

「九六条の会」の三六人の呼びかけ人が、二〇一三年五月二三日に発表されたこのアピールに署名した。ついに集団的自衛権を国会における議論のテーブルに載せた第三次安倍政権下において、より広範な共同の流れは発展を続けた。

「クーデター」と「九条の会」

海外における戦争にこの国が参加できるようにする安全保障法制を安倍内閣が強要する中、憲法を守るためのより協働的な状況がつくられていった。二〇一三年に九六条を変えようとした政府による試みは、「立憲主義」の大義を掲げて新たにつくられた「九六条の会」からの強力な反撃により頓挫していた。しかし、二〇一四年七月一日、集団的自衛権の行使を容認する閣議決定がなされた。ほとんどの憲法学者がこれは憲法違反であると指摘し、この閣議決定に反対して「立憲デモクラシーの会」が結成された。六七人の学者たちがこのグループの共同呼びかけ人となり、二〇一六年八月時点におけるこの会の賛同者は、ミュージシャンから大学教員まで様々な職業人を含む二二五〇人にのぼった。また多くは、この行為は法学的な視点から見て政府による「クーデター」であると主張した。このような「非立憲的」（石川 2015: 58-69）行動に反対し、より多くの、この社会の中でそれ以前には静観を保っていた部分が動き始めた。ＳＥＡＬＤｓ（Students Emergency Action for Liberal Democracy-s）という学生のグループや、「だれの子どももころさせない」というスローガンを掲げた「ママの会」（安保関連法に反対するママの会）という母親たちのグループが、最も多くのメディアの注目を集めた。学者たちも、「九六条の会」や「立憲デモクラシーの会」とメンバーを共有する「安保関連法制に反対する学者の会」を結成した。二〇一六年八月時点において、同会には一万四二九七人の学者と三万二二四六人の市民賛同者がいた。

これらの成長を続ける運動と力を合わせるべく、伝統的には分裂してきた運動組織や左派政党が、ついに共同をはじめた。これがどのような経緯で実現されたのか、最初の「九条の会」事務局の渡辺治は、二〇一五年一一月二一日の神奈川県における「鎌倉九条の会」の講演会で以下のように話した。

……今回、初めて、安保闘争以来五五年ぶりにその共同ができあがった。去年の一二月一五日に作られた「総がかり実行委員会」といわれるものです。なぜこれが画期的なのかということです。どんなに努力しても民主党と共産党は手を組めない、それから社民党と共産党も手を組めない。いわんや連合と労働組合の全労連、全労協は手を組めない。そこで、今回、いわばあんこ同士が手を組むことができずにいたので、大きくまんじゅうの皮でくるんだのですね。それが総がかりです。まず、「戦争をさせない一〇〇〇人委員会」という一つの実行委員会があります。ここに「連合平和フォーラム」の共同代表の福山さんが入っています。そして、「憲法を守り・いかす共同センター」、この中には全労連と共産党が正式加盟しているんです。さらに、「解釈で憲法九条を壊すな実行委員会」、このなかに一〇〇団体以上の市民団体が入っています。この三つが実行委員会という形で手を組んでいる。そのなかで、平和フォーラムの強いイニシアチブによって、民主党が戦争法反対に出てくる、共産党は入っている。社民党もこの実行委員会のなかで行動するという形で、初めて社民と共産と民主が、手を組むことができたのです。本当に努力の結果です

（鎌倉九条の会 2016：5-6）。

「立憲デモクラシーの会」、「ＳＥＡＬＤｓ」、「ママの会」、「安全保障関連法に反対する学者の会」、そして「総がかり行動実行委員会」の五つのグループは、安全保障法を廃止して立憲主義を回復することを要求する力を結集するため、最終的には「市民連合」を結成した。

二〇一〇年代半ばに起こった憲法をめぐるこれらの発展は、「九条の会」に再びその運動の基本へ立ち返ることを迫った。最初の「九条の会」は、実働部隊の強化をはかるため、事務局に東京慈恵医科大学教授の小沢隆一を迎えた。国会においていくつもの記者会見を開く傍、二〇一五年一一月一三日、最初の「九条の会」はアピール「憲法九条を守るために新たな飛躍を」を発表し、集中的なキャンペーンを呼びかけた。

> いま、日本国憲法は重大な岐路に立っています。安倍晋三政権と与党は、九月一九日に戦争法（安全保障関連法）の採決を強行し、憲法九条の体制を大きく掘り崩すという暴挙に出ました。この動きに対し、「憲法九条を守れ」、「立憲主義を壊すな」など、多くの人びとが反対の意思を示し、運動の輪が大きく広がりました。この盛り上がりは、「日本が戦争することは許さない」という決意を込めて制定された憲法九条が人びとの中に強く息づいていることを改めて証明しました。しかし、安倍首相は、その後も、戦争法の発動に執念を燃やし、九条改憲になお意欲を示しています。結成以来一一年、「地域に根ざす」、「共同を広げる」という原点を大事に歩んできた「九条の会」には、戦争法反対に示され

た声に応えて、九条改憲を阻むための運動を新たに飛躍させることが求められています。

全国津々浦々から、戦争法廃止の声をあげましょう。

戦争法と一体の辺野古新基地建設に反対し、オール沖縄の声を踏みにじるな、の声をあげましょう。

憲法九条の「武力によらない平和」の理念をくつがえす明文改憲の動きを阻むために立ち上がりましょう。

この間、戦争法反対に取り組んできた、地域、分野の「九条の会」のみなさんに改めて訴えます。

戦争法反対運動では安保闘争以来といわれる多くの人びとが創意工夫をこらしてさまざまな行動に立ち上がりました。六割に及ぶ人びとが戦争法案に反対し、八割を占める人びとが法案の説明が不十分だと感じています。憲法九条違反の戦争法を廃止するという課題を目の前にして、今一度すべての地域のすべてのひとを対象に宣伝し、学習会を開きましょう。

そして、戦争法反対運動でつちかった共同の輪から生まれた結びつきを活かしながら、各地域、各分野でさらに広げる努力を粘り強くすすめていきましょう。近隣の会同士で互いに支え合い、交流することで運動の活性化を図ることも重要です。

「戦争法廃止」の署名運動や沖縄での新基地建設反対運動など、「憲法九条を守る」という点からも重要な運動に積極的に取り組みましょう。地域で開かれるこれらの集会には、「九条の会」としてもできるだけ多数で参加しましょう。日本と世界の平和な未来のために、日本国憲法を守るという一点で手をつなぎ、「改憲」のくわだてを阻むため、一人ひとりができる、あらゆる努力を、いますぐ始めることを訴えます（九条の会 2015）。

このアピールは、二〇一三年の全国交流集会における議論と合わせてみると、「九条の会」が新たな状況のもと、第九条への脅威に当てた焦点を保ちつつもその運動を関連課題へと拡大し、その幅広い支持層をより広範なたたかいへと組織しはじめたことを示している。草の根の会は、これが憲法と第九条を守る彼らのたたかいにとって決定的な時点であることを認識し、このアピールに歩を合わせて行動し、安保法制に正面から取り組む新たな活動を開始した。例えば、二〇一三年一一月一日に発行されたニュースレターでは、東京の「練馬九条の会」が、彼らの地域で八つの新しい草の根の会が立ち上げられ、これらの会が「日本の青空」の上映会を開き、一二〇人以上が参加したと報告した。いくつかの草の根の会は、元外務省国際情報局長の孫崎享氏を講師に国家安全保障についての講演会を組織した。また他の会は、メンバーがお互いの戦時体験を聴き合い、「安保法制」について議論する小規模の集まりをもった。このように、「安保法制」に反対する広範なたたかいの一部として、無数の草の根の活動が全国で催された。さらに、澤地久枝の主導のもと、「九条の会」の参加者とその他の賛同者は、毎月三日に俳人の金子兜太の筆で「アベ政治を許さない」と書かれたプラカードを掲げるという、新しい意思表示行動をはじめた。最初の行動は二〇一五年一一月に全国各地行われた。このように、「九条の会」の活動の一部は様々な関連の活動と結びつき、改憲問題がより広範な市民との共同の運動へと発展するにつれ、それらとの区別をつけることがいっそう難しくなってきている（**図4**）。

また、二〇一一年以来発展してきたこれらの「九条の会」の活動と期を一つに、第九条に対する世論は、二〇一二年の四三％から二〇一六年には六八％の支持へと、再び回復した（**表2**参照）。さらに、二〇一六年に共同ニュースが行った世論調査によると、七五％が「九条が日本が第二次世界大戦の終結以来七一年間海外で武力行使をしなかった理由だ」と答え、一方関係ないと答えたのは二二％だけだった。さらに、同調査では、五五％が安倍政権のもとでの改憲に反対だと答えた（東京新聞二〇一六年一〇月二九日）。これらの数字から明らかなのは、大多数の日本人は彼らの国を海外の戦争に巻き込まれることから守る第九条の役割を高く評価しており、その現状を維持したいと願っているということである。

これらの活動に取り組む中、最初の「九条の会」は自然と、新しいより広範な連合と結合しはじめた。この作用は、運動の溢出（spillover）の過程と切り離し難いものである。

……「社会運動の溢出」は、ネットワークの際限やネットワークの境界線の抜け道の多

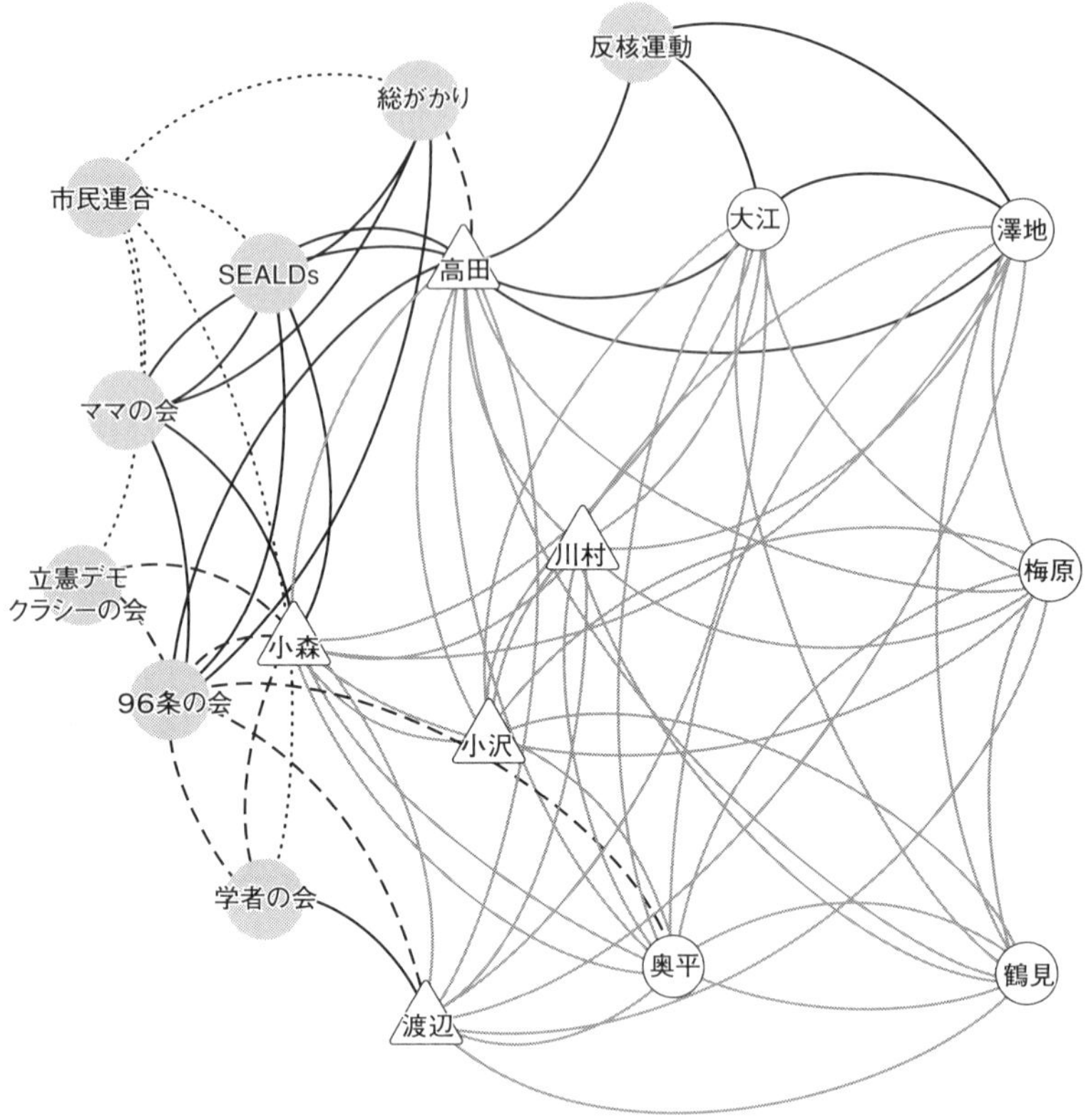

図4　最初の「九条の会」をとりまく新しいネットワークの発展（2011-2015）

* ノードの形状は役割を表す。○は呼びかけ人、△は事務局員、●はそれぞれ2011年から2015年の間に形成したグループ。

** エッジの形状はつながりの種類を表す。――は最初の「九条の会」メンバー間のつながり、‐‐‐‐はメンバーシップの重複（brokerage）によるつながり、――はイベントを通したつながり、………は各グループ間の連携的関係によるつながり。

さの問題として理解されうる。Meyer and Whittier（1994）は、社会運動の溢出とは重複する政策や共通の参加者もしくは潜在的な参加者へむけて自らの主張を届けようとするうちに、運動の境界線が曖昧になるところと定義する。Krinsky（2007）は、溢出と連合（coalition）の事例は、計画されていないものから完全に計画された行動の連続体として、また共通の主張作成作業を通して発展する連合の類と、共通の組織的、目的的活動を通して発展する連合の類とともに、一体的に理解されるべきだと提案する。重要なのはつながりの存在だけでなく、そのつながりの内容とパターンである（Krinsky and Crossley 2014:8）。

このような過程を通して、今日の日本における社会運動のリーダーの中でも最も人脈に富むリーダーたちの連合であった「九条の会」は、変化する政治状況に適応できただけでなく、新しい共同運動の形成期において、高い中心性を獲得することができた。

そうとはいえ、このことは結局、二〇〇四年に最初の「九条の会」が結成されるより数十年も前から続けられてきた、ネットワークのすべてのレベルにおける終わりなき仲介の努力の結果であった。それぞれの継続的努力が、「九条の会」という最も適した場（platform）を得て、蓄積され、加速した。その努力を憲法と第九条の支持者たちの内部にある対立を克服することに集中させたことで、「九条の会」の運動の参加者たちは、後年の新しい、より広範な共同運動が発展するための基礎を敷いたのである。

【文献】

九条の会「第2回全国交流集会報告集」、二〇〇七年。

九条の会「第3回全国交流集会報告集」、二〇〇八年。

Yamada, Ayumi, and Ji Young Kim, “Option-Splitting Effects in Poll Regarding Japan’s Right to Exercise Collective Self-Defense”, *Social Science Japan Journal* 19 (1), 2016.

九条の会「第4回全国交流集会報告集」、二〇一一年。

Aldrich, Daniel, P., and Michelle A Meyer, “Social Capital and Community Resilience”, *American Behavioral Scientist* 1-16, 2014.

九条の会「第5回全国交流集会報告集」、二〇一三年。

石川健治「集団的自衛権というホトトギスの卵：『非立憲』政権によるクーデターが起きた」『世界』872号、岩波書店、二〇一五年。

鎌倉九条の会「鎌倉九条の会ニュース」№19、二〇一六年。

Krinsky, J., and N., Crossley, “Social Movements and Social Networks: Introduction”, *Social Movement Studies* 13, 2014.

第6章　新しい世代の中の「九条の会」

一九六〇年代政治世代のネットワークの上に、「九条の会」の参加者たちは、政治に対して実効力のある広範なネットワークをつくりあげた。その一方でこの運動は、若い世代を動かすことは常に「九条の会」の主要な目標だったにもかかわらず、（いくつかの大学の「九条の会」に参加する学生たちを除いては）若い参加者を欠いていた。二〇一一年の三重災害は多くの若い世代の積極的行動主義を呼び起こしはしたが、新たな反核運動に積極的に参加したものたちが自動的に憲法と第九条を扱う「九条の会」とつながったわけではなかった。

しかし、近年この状況は変化し始めている。これらのより若い活動家たちが国会周辺で過ごす時間が長くなるにつれて、彼らは政治を変える方法をより真剣に考えるようになり、社会保障の削減や憲法改変など、核エネルギー以外の諸問題をも理解しはじめた。彼らが今自らの問題として対峙する諸問題が互いに関連しており、それらは事実として同じ根本的要因に起因することに気づくのに、長い時間はかからなかった。根本的要因とは、政府による憲法の侵害である。国家安全保障の問題が顕著になると、各々の課題に対抗する諸集会は、自分たちは皆憲法をめぐる諸問題を扱っているのだという感覚とともに国会を取り巻くようになっていった。また、共通の目的のためにともに路上に立つ中で、古い世代と新しい世代は互いに対する信頼感を培い、イベントの企画や新しいグループや組織の設立のために協力しはじめた。

二〇一一年三月以降の新しい世代の活動家の出現

ほとんどの日本社会の観察者にとって、二〇一一年三月以降に始まった新しい反核運動は突如とした社会運動的活動の盛り上がりであった。確かに、それは過去数十年間に起こった数少ない「目に見える」批判的運動の中では最大のものであった。この新しい反核運動は、若い参加者を惹きつけることができたというよりはむしろ、初めから比較的若い三〇代から四〇代の人々によって開始され維持されてきたのだった。彼らはおおよそ、今六〇代から七〇代になっている、一九六〇年代政治世代の子どもたちの世代にあたる。

筆者が現地調査のために日本に到着した二〇一一年九月当時、新しい反核運動は急速に発展していた。憲法と第九条を変えようとする政治的な動きが静かに進行している状況からは離れて、そこにはまだ原子力発電所問題を取り巻く一種の熱っぽい雰囲気があった。政府はまだ民主党の主導する連立政権のもとにあり、政治的優先課題は当然、国民生活の復興だった。自然と、新しい反核運動はいくつかの市民グループにとっての一点共闘に発展した。

原子力発電所とその問題への政府の対応に抗議する無数の活動が起こりはじめた。しばらく後、「首都圏反原発連合（反原連）」と称するグループによって組織された、二〇一二年三月から続いている毎週金曜日の首相官邸前における「金官」抗議行動が、この新しい運動の中心地となり、ここにはあらゆる世代の個人が参加できた。「九条の会」の参加者もこれらの集会に個人として参加した。この金曜行動と、その他の「反原連」周辺の人々によって組織された主要な活動には、以前からある運動とは明らかに異なるスタイルがあった。最も特徴的なのは、彼らがトラックの上でバンドにライブミュージックを演奏させ、そのトラックにデモを先導させたこと、そしてそれに続いた参加者たちは、お洒落な服装をしていて、（旗ではなく）目を引く看板やプラカードを掲げたり、色々な楽器で音を出したりしながら歩いていたことである。若い親たちは、これらのデモで子どもたちを連れて歩いたりもした。要するに、彼らのデモは、これまでのよくあるデモに比べ、若い世代から見てずっと格好よく親しみやすいものだった。短期間であったが、これら一連のデモは渋谷や新宿などの若者が好んで歩く都心の街で行われた。このことは、原発問題の重大性そのものと相まって、デモや社会運動に対する人々の認識を変え、特に若い日本人の目に映るそれ（デモや社会運動のイメージ）を変えた。

金曜行動とその他の若い世代によって独自に組織されたデモに加え、知名度の高いリーダーを擁する長年の活動家たちも、この問題についての大規模な中央集会を組織した。最初の「九条の会」の「呼びかけ人」の大江健三郎と澤地久枝もその中にいた。初めは、これらのイベントに参加する大半は伝統的な社会運動グループや組織であった。「反原連」が多くの市民グループからなる大規模な連合組織に成長すると、その指導部はより公式的な運動とも共同しはじめた。彼らの共同による最大の集会には、六万人以上が参加した。

これらの共同を通して、新しい世代の活動家たちは古い世代と結合しはじめた。福井県にある大飯原子力発電所の再稼働に反対するキャンペーンがピークを迎えていた二〇一二年七月、筆者は、若者たちが老人たちに対し、自分たちの勤務時間中や授業中である日中の時間帯に集会を続けていてくれることを感謝し、夕方以降は自分たちが交代すると意思表示をするツイートに何度も出くわした。

自民党政権の復活以降の政治的過程

前述したように、自民党は二〇一二年に政権を取り戻し、第二次安倍内閣が組織された。原発に反対する運動が最高潮に達し、問題が膠着状態にある中、政府は日本を根本的に変える計画を実行に移そうとしていた。二〇一三年の参議院議員選挙での勝利によって、与党自民党は、公明党の議席と合わせ、両院における過半数を獲得した。このことが、彼らに一連の新しい国家安全保障法案を持ち出すことを許した。

二〇一三年一〇月、第二次安倍内閣は、特定秘密保護法案を衆議院安全保障委員会に提出した。これに先立ち、「九条の会」は記者会見を開き、これらの新しい、「戦争する国」を作ろうとする試みに反対するアピールを発表しており、その中で新たな国家安全保障法案の問題点を明確に指摘したうえで、この試みに対抗するための早急な行動を広く呼びかけていた（第５章参照）。そうとはいえ、法案はすぐに国会へ提出され、同年一二月六日に成立した。その重大性と両院の法務委員会における野党の強い抵抗にもかかわらず、この法案はあまりにも早く、強制的に成立させられた。他方、この法案に反対する国会の外での行動はやや遅れて始まり、法案が成立する間際になって初めて大きな集会が開かれた。

二〇一三年にはまた、新しい政治参加の手段が日本人に与えられ——インターネットを使った政治キャンペーンの解禁である——これがいわゆる「デジタル・ネイティブ」世代にとって、新たな環境を用意した。新たな時代の始まりを宣言するかのように、特定秘密保護法案が可決されて以降も反対行動は収まらず、同法に反対しその廃止を求めることに特化した、「ＳＡＳＰＬ（Students Against Secrets Protection Law）」という新しい学生グループが組織された。政府が一連の国家安全保障法案を次々に提出していくのに応じて、二〇一五年にこの学生グループは、国家安全保障本案に反対することに焦点を当てながらも新たなより広範な目的を持つ「ＳＥＡＬＤｓ」として再編成された。そしてこのグループは、多様な個人や人々のグループが協働するための新たな場（platform）を提供しはじめ、積極的行動主義のもう一つの中心地を作りだした。彼らのスタイルは、デモにおける音楽の使い方や、参加者が自由にスピーチを行うことのできる国会議事堂前での毎週の集会など、「反原連」を一部模していた。

しかし、新しい反核運動の参加者の多くが、自分たちの運動と古い世代の活動家とその運動とをはっきりと差別化していた一方、「SEALDs」はより全般的な共同に対して前向きだった——彼らの集会では、「九六条の会」、「安保関連法制に反対する学者の会」、そして「立憲デモクラシーの会」などをつくった多くの著名な学者が参加してスピーチを行い、それはまるで「国会前連続講義」だと言われた。「安保関連法制に反対する学者の会」などの学者のグループは、マスメディア上でも「SEALDs」を支持するコメントを発表した。一連の安全保障法案に反対するこの新しい運動が、安倍内閣以下自公政権を政権から引きずり下ろすための野党の共闘を求める統一された声を発展させていくことに応じて、野党議員もこれらの集会に参加しはじめた。このことを、日本の歴史において学生と学者が一つの問題について共同し、統一戦線を組んだ初めての運動だと主張する者もいた。同時に、SEALDs関西、東海、東北、琉球が結成され、それぞれの地域で様々な運動団体の間の共同を積極的に追求し、また一方で、自分自身の言葉でその問題についての意見を表明することの大切さを強調し続けた。

二〇一五年九月一九日の明け方、国家安全保障法案は国会を通過した。同日の午後、日本共産党は「国民連合政府」をつくることを呼びかける声明を発表し、来る国政選挙における野党間の全般的な選挙協力を呼びかけた。これ以前には、共産党は可能な限り多くの選挙区で独自候補を立ててきたため、同党のこの動きは多くの日本政治の観察者を驚かせた。同時にその提案は、彼らの努力にもかかわらず安保法案が成立したことに落胆していた多くの人々と、そしてこれまでずっと統一戦線を望んでいた長年の活動家を励ました。このことが、野党間だけでなく様々な社会運動組織の間の議論を加速させ、そしてついに、日本共産党、社会民主党、国民の生活が第一・山本太郎と仲間たち（その後自由党となる）、そして民主党と維新の党が合流してできた民進党の4野党間において、二〇一六年七月の参議院選挙での協力が合意された。「ＳＥＡＬＤｓ」とその他の市民グループ、中でも「ママの会」は特に、この新しいプロジェクトを宣伝するために中心的な役割を果たした。

最終的にこの選挙では、共闘候補が三二すべての一人区で擁立され、一一の選挙区で勝利した。このことは、前回の選挙において野党候補が勝った一人区はたった二つであったことを鑑みれば、重要な到達である。また、3・11三重災害とその余波の被害を最も強く受けた東北地域における六つの一人区のうち五つでは、共闘候補が自民党の前議員を負かした。辺野古における新たな米軍基地の建設に人々が一丸となって抵抗している沖縄でも共闘候補が勝利し、それによって同県のすべての選挙区から自民党候補を排除した。さらに、福島と沖縄で負けたのは、安倍内閣の前閣僚であった。この選挙の全体的な結果はしかし、再び自民党と公明党の勝利だった。そうではあるが、統一戦線を組むことを通して、人々の共同はベテランと「アマチュア」活動家のすべての世代を巻き込んだ未曽有の規模に発展拡大したのである。

新しい世代の中の「九条の会」

二〇一〇年代に出現したこの新たな、より広範な共同の発展にとって、「九条の会」の貢献は必要不可欠だった——左派内部にある過去の対立を乗り越えようとする「九条の会」の努力、そして後半の、改憲について異なる見解を持つリベラル層とつながろうとする努力が、このあらたな発展の基礎を築いた。また、最初の「九条の会」のメンバーたちは、新しい反核運動（大江、澤地、高田）と立憲政府のためのより広範な共同運動（小森、高田、渡辺、奥平）の双方の形成に直接関与した。小森と高田はこの新たな共同にとって必要不可欠な仲介者だった（**図4**参照）。このように、「九条の会」は、近年の運動の発展の過程を一貫してその背景に存在した。このことは、今日の日本における社会運動セクターにおいて、「九条の会」が高い中心性をもつことを示す強い証拠である。

この近年の過程は、二〇一六年七月の参議院選挙における統一戦線の部分的な成功とともに、ひとまず完結した。しかし、アジア太平洋戦争終結から七一年目の記念日だった二〇一六年八月一五日に、「ＳＥＡＬＤｓ」がその解散に寄せて述べたように、未完のプロジェクトは継続されなければならない。この一見不可思議な「ＳＥＡＬＤｓ」の解散という決断は、実際には意識的な行動であり、日本の社会運動にとっての新たな戦術として理解されうるものだ。新たな世代の活動家たちにとって、ある特定の課題のために新しいグループを結成し、その意図されたプロジェクトの完結においてそれを解散することは、先人たちの犯した同じ過ちを繰り返すことを避けるための一つの方法なのだ。彼らの目には、過去の社会運動はあまりにも長く続けられ、いくつかのグループは必要以上に大規模化した末に硬直した組織であると映った。結果として無責任な政府の延命を助長したという過去の運動に対する批判的な内省から、若い世代はその活動の柔軟性を保つことに挑戦しただけでなく、その運動をいっそう公的空間の中に拡散させることに挑戦した。そうすることで、元「ＳＥＡＬＤｓ」のメンバーたちは、独立して思考し行動する「個人」――グループのメンバーとしてではなく――として、公共の課題に取り組み続けるだろう。したがって、このタイミングでの「ＳＥＡＬＤｓ」の解散の決断は、日本社会をより活発で、人々が公共的領域に関心をもちうるようなものにするための努力として理解されうるし、またそれだけでなく、彼ら自身が個人としての自らの行動に責任をもち続けるためのものでもあると理解されうる。

憲法と第九条を守るために、「九条の会」はその日々の活動をいっそうの信念を持って継続するだろう。実際、二〇一六年九月、「九条の会」は「第六回全国交流集会」を開き、実働部隊の強化と必要（かつ可能）な場合に「呼びかけ人」の役割を引き継ぐため、新たに「世話人会」をつくったことを発表した。「世話人会」は、「呼びかけ人」の九人に比べれば少しだけ若い世代（五〇代から六〇代）の、様々な分野（学者が七名、経済分析専門家、ジャーナリスト、人権活動家、翻訳家、弁護士が各一名）で活動する、これまでも「九条の会」の運動に積極的に関わってきた一二人のメンバーで構成されている（九条の会 2016 ニュースレター251号）。「九条の会」がたくさんの若いメンバーを集めることは、いまだありえそうもない。そうであっても、「九条の会」によってつくられたネットワークはすでに新しい運動の基礎となった。また、「九条の会」の目的はこの新たな共同の目的となり、そして「ＳＥＡＬＤｓ」の名のもとに集まった若い活動家や、「ママの会」を結成した小さい子供をもつ母親たちの目的となった。ラップミュージックに合わせ、「ＳＥＡＬＤｓ」が別れを告げたミュージックビデオメッセージは、「九条の会」の憲法運動の、新たな世代における継続を体現している。

祈る８・15
千鳥ヶ淵で手を合わせる
眩い黒い闇の中で想う
この土地の先人たちの死
覚悟した眼差しはまだ見えない

前を向き　歩き始めたのさ　あれから
いくつものシーン　経験し　感謝し

果たし得なかったもの　探した　戦士は
目の前にある　生　平和　意志し
維持し続けようと語った　戦ったはずだ

それは此処まで届いた
ほっとけば崩れ落ちる氷河のような
脆くも固い意志は受け継がれた
かくも71もの月日に耐えた価値
墓標に刻まれた〝非戦〟の二文字は
紛争地　丸腰で闊歩する
現代の侍を生んだんだ
名は　Article 9

We still in the dream
祈るように、　祈るように　夢を生きる
Always do the right thing
先人のように　背筋伸ばし　前方を見つめる

※

（Repeat）※

蜂起する　we are SEALDs
名無しの群衆　路上
孤独に立ち尽くす様は
腐った nation の basement 再構築する
個の言葉　思考　constitutionの体現

We don't want ABE《エービーイー》の改憲
これはな Re-Action じゃないぜ Actionさ
終戦からの Drama を引き継ぐだけ
単にして純な　生きることの肯定
覚醒した学生の乱には終われねえ
隔世の感を乗り越え　保守するぜ
作戦やプランというよりは
Martin Luther King のような Dream 描く

俺たちは　死者の夢の続きを生きる
そして　I have a dream
目の前にある　唯一確かな Future
子供たちのための　可能性　この島の上で

終わってる?　なら始めるだけ　Once Again

(Repeat)　※×2

Yo 一斉に注目
戦後71年
現在から未来
何も変わらない
人間は夢を見
死んだ後現実になる

We are SEALDs

（SEALDs "TO BE" ウェブページ2016より　筆者による書き起こし）

「安保関連法制に反対する学者の会」は、二〇一六年八月八日、「私たちが引き継ぐＳＥＡＬＤｓの七つの成果」と題し、「ＳＥＡＬＤｓ」の到達点についての声明を発表した。要約すれば、学者の会が指摘したのは、⑴「ＳＥＡＬＤｓ」は「主権者としての自覚」に基づいて市民運動を活性化し、そうすることによって日本の民主主義を改革した。⑵互いに尊重し合う個人間の連帯をつくり上げたその活動は、立憲主義を体現した。これは、「孤独に思考し、判断し、行動する」メンバーたちの知性、感受性、そして勇気の結果である。⑶彼らが考える平和を自分たちの言葉として紡いだスピーチを通じた過去、現在の努力、そして未来への希望についての内省に基づいて、平和主義が再活性化された。⑷「ＳＥＡＬＤｓ」は市民と野党の間に意思疎通の関係を築き、最近の参議院選挙において、以前は不可能とされていた野党共闘を実現した。⑸それは、たとえ一人区においてでも、市民の支持を得られれば共闘は勝負できるということを証明した。⑹「ＳＥＡＬＤｓ」が全国的に活動し、地域の学生たちや市民グループと協力したことにより、学生と学者の間の共同作業が始まった。⑺「ＳＥＡＬＤｓ」は立憲主義を守っただけでなく、それを発展させるための指導理念を示した。

そして、「安保関連法制に反対する学者の会」は、個人の尊厳を守る政治の実現のため、互いのちがいに対する尊重に基づいた行動を継続すると結論した。このように、学生と学者の間の協働は共闘を通して発展し、その結果として、「ＳＥＡＬＤｓ」と学者の会の中心メンバーの数名は、政策提言を行うことを目的とするシンクタンク「Ｒｅ－ＤＥＭＯＳ」を立ち上げた。野党もまた、来る総選挙においても共闘を継続することで合意した。これらは、この新しいプロジェクトが継続するということの、いくつかの明らかな兆候である。また、ここに明らかなのは、日本にある様々な社会運動アクターたちの水平的ネットワークの創造という「九条の会」のもう一つの重要な目的も、新しい世代によって引き継がれたということである。

終章　結論

本書は、日本国憲法とその「平和条項」第九条をめぐる七〇年間の論争から生ずる社会学的な疑問から出発した。この特別な平和条項のために有名な日本国憲法は、その制定当初から議論の的であり続けたが、この間七〇年、国会における挑戦に耐えてきた。一九六〇年から一九七〇年前半の巨大なプロテスト・サイクル（抗議の周期）の後、軍事同盟である日米安全保障条約に対する日本国内の抗議行動は下火になり、数十年もの間この問題に関する目立った抗議運動は起こらなかった。しかし、二〇〇四年、突如として「九条の会」という新しい運動が現れ、瞬く間に全国、そして海外に、七五〇〇を超える数の「会」がつくられた。このように長い期間の沈黙の後で、何がこの新しい社会運動へと繋がり、どのようにして、そしてなぜ、この運動はこれほど急速に発展したのか？　本書は、これらの疑問を、最新の社会運動研究の理論と概念を用いて解明することを目指した。具体的には、政治的過程、プロテスト・サイクル、そして社会ネットワークという三つの研究領域における理論的蓄積に依拠し、社会運動ネットワークとしての「九条の会」の発展について探求した。また、参加行動の社会心理学の動的側面を説明するために、フレーム・アラインメント理論も援用した。

本書は、社会運動を、社会的、経済的、そして政治的条件が新しい政治的機会または脅威をもたらし、それが転じて運動が立ち上がるための基盤となる時にのみ現れる、長期間存在する不満の表出として捉える、政治的過程アプローチ（McAdam 1982）を基礎として受け入れている。

二〇〇〇年代の初頭、九人の「九条の会」呼びかけ人は、衆参両院への憲法調査会の設置という政治的脅威に対応し、その後非常に短期間のうちに巨大な社会運動ネットワークをつくりあげることになる、二〇〇四年アピールを発表した。その活動の初めの三年間のうちに、草の根の会の数は年間数千の増加を続け、二〇〇七年までには六七三四に達した。またこの運動は、この数年間の活動を通して、第九条に対する世論を逆転させることに成功した。このことが最終的には、特に第九条の改憲を目指した安倍晋三とその内閣の、二〇〇七年の辞任につながった。この初めの分水嶺の後も、「九条の会」は成長を続け、その草の根の会の数は二〇〇九年までに七四四三に達した。その間に、第九条の維持を支持する世論は過半数を回復し、ほぼ憲法調査会の設置以前の水準に達した。これらの変化が二〇〇九年、一九九三年以来初めてとなる自民党政権の崩壊をもたらし、このことは社会運動としての「九条の会」の重要な成果の一つとなった。新しい民主党政権とその最大の支持母体である労働組合の連合は、憲法と第九条の改変にさほど積極的ではなかったため、運動にとっての当初の脅威は去った。

二〇一一年三月一一日、マグニチュード9の地震が東北日本の海岸線を襲い、巨大な津波と福島第一原子力発電所の爆発がその後に続いた。この出来事は日本をしてその核心部まで震撼させ、社会全体を不安定化させた。国民生活の回復が最優先の課題となり、自衛隊の救助活動が歓迎される一方で、民主党政権の支持率は急速に落ち込んだ。このことが、最終的には二〇一二年の総選挙で自民党と安倍を復活させ、「九条の会」にとっての新たな政治的危機をもたらした。その時点までには、「九条の会」の九人の呼びかけ人のうち五人がすでに死去していた。つまり、「九条の会」は、たくさんの草の根の会をもつ一方で、国レベルではより少ない資源をもってこの新たな脅威に直面した。しかし、3・11三重災害は、日本社会全体を不安定化させたことにより、新たな運動の生起のための政治的機会をもたらした。事実として、新しいアクターは、新たな反核運動として、若い世代から登場した。三重災害はまた、福島県の草の根の「九条の会」の多くのメンバーを襲っていた。このことが、二〇〇八年以来初となる「九条の会」全国交流集会の開催を促し、その場で「九条の会」は、原子力発電所問題が憲法問題であるという点で一致団結し、その後その巨大なネットワークをこの課題に対処するために動かしていった。このようにして、「九条の会」はその運動としての視野を広げはじめ、これが後年新たな国家安全保障法制に反対していく中、「九条の会」がそのネットワークをさらに拡大していくことへとつながっていった。

「九条の会」の発展を政治的過程に文脈付けて説明すると同時に、本書は、ある特定のグループによって発表された「九条の会」の初めのアピールがなぜ一見突如とした運動の盛り上がりをもたらし、二〇〇〇年代前半に憲法運動のネットワークの急速な拡大をみせたのか、また、どのようにして、そして誰によって、これらの何千もの草の根の会がつくられたのかについて論じた。本書は、これらの問いに答えるため、過程を重視するアプローチをとり、「九条の会」が根ざしている社会的ネットワークと、これらのネットワークが現在の「九条の会」の形をつくりだした道筋を詳細に検証した。

こうして本書は、「九条の会」のネットワークが、元々は日米安全保障条約改定に反対する運動として登場した、一九六〇年代政治世代に根ざしたものであることを明らかにした。しかし、この「政治の季節」が一九七〇年代前半に終焉を迎えて以来、日本の社会運動セクターが政治に対して実効力を発揮するような大規模な運動を起こし得た例はなかった。第1章は、一九五〇年代から二〇一〇年代前半までの政治的過程について説明し、日本の社会運動の弱さが、一九五〇年代に日本にもたらされた冷戦政治に端を発し、その後一九七〇年代の終わりにはじまった革新連合の破壊を通して決定的になった、左翼内部の歴史的分断の結果であると主張した。この歴史的背景を理解することが、「九条の会」の重要性を正しく認識するためには必要不可欠だった。

この文脈を受け、第2章では、「九条の会」の広範かつ水平なネットワークの形成が、そもそもどのようにして可能となったのかを探求した。この章の発見は、一九六〇年代から活発であり続けている多くの活動家やその周囲のグループが、ある時点で、草の根の「九条の会」となることを自ら決めたということだ。とはいえ、この過程は既存のグループの単純な再動員ではなかった。そうではなく、この過程は、過去の対立を克服するための、運動の参加者による能動的な決定と、継続的な仲介的行為の折重なりであった。すなわち、この過程を通して、彼らは自らの社会的つながりに手を加え、彼らのグループを新たな目的に向けて再構築し、そしてこれらの新しいグループに、彼ら自身の「九条の会」としての名を与えた。これが、「九条の会」がこれほど広範なネットワークを、短期間のうちにつくりあげることを可能にした過程であった。そうして、「九条の会」のネットワークは発展し、同じ世代の活動家たちによってすでに蓄積されていた、そのほとんどが二〇〇〇年代初頭の政治的脅威／機会以前には潜行状態（abeyance）にあったつながりを通して、さらに拡大した。その後も、このネットワークは、「九条の会」としての活動を通してつくられたつながりを通して拡大を続けた。

草の根の「九条の会」がつくられ、組織され、維持された具体的な過程を見ていくことで、本書は、あらゆる（個人、組織、そしてイベント）レベルにおける、運動の参加者の継続的な仲介的努力が、この広範なネットワークを可能にしたということを明らかにした。第2章では、草の根レベルにおける同様の過程について議論し、第3章では県レベルの過程について、神奈川、広島、宮城、京都、沖縄、そして福島の六つのクリアリングハウスについての調査に基づいて議論した。

第3章で詳述した六つのクリアリングハウスは、それぞれが一九六〇年代政治世代を悩ませてきた対立を克服しようと奮闘してきた。神奈川ネットワークは共産主義者と社会主義者の間の対立に向き合った。広島ネットワークは、党派に属する活動家と、いわゆる市民活動家の間の対立、そして新左翼グループにつながりのあるグループを含む様々な政治的組織の支持者たちの間にある対立に向き合った。宮城ネットワークでは、より一般的な公衆にも伝わるようにするためだけでなく、様々な市民グループが「九条の会」の名のもとに協働しやすくするために、参加者の政治的アイデンティティの明示は控えられた。京都ネットワークは、これらすべての対立を乗り越える努力をし、さらに、最も見過ごされやすい、個人参加者と団体参加者の間に存在する対立要因を克服することに取り組んだ。これらのクリアリングハウスの目的と活動は、それぞれの地域に独自の歴史、社会運動組織、そしてその他の活用可能な資源の中に埋め込まれている。したがって参加者は、彼らの力を、彼らの地域において、過去から続く分断に橋をかけ、ネットワークを拡大することに集中させた。全て並べてみることで、これら六つの事例は、今日の日本において、一九六〇年代政治世代によって積み上げられたネットワークの枠組みを描き出した。また、この章での分析は、日本の社会運動で広く使われるだけでなく、他の国々でも見られるにもかかわらず、これまでほとんど深く研究されてこなかった、同様のクリアリングハウスグループの役割についての、理論的及び実証的理解に貢献した。

それぞれの会がこれらの対立を克服した方法を分析の焦点とすることで、第2章と第3章は、「九条の会」の運動が、既存のグループの間にある溝に橋を渡していくことによって、既存のグループを超えた巨大な新しいネットワークを意識的につくりだしてきたことを明らかにした。以上に見た様々な溝に橋をかけていくために、「九条の会」の運動の参加者は、ある時点でこれらの溝の存在について改めて意識化する必要があった。次に彼らは、その埋められるべき、そして手を加えられるべき溝が何であるのかを知る必要があった。このためには、より「弱い」側を支え、彼らの好みを優先させることがしばしば要求された。活動をともにすることを通して、彼らは話し合いで解決されるべき誤解について知っただろうし、またそのまま尊重されるべきちがいについても知っただろう。また、このような土台の上に共通の目標や目的が確認され、合意した領域については様々なアクターがともに動けるようになっていっただろう。このことは、組織的な努力であるのと同程度に、異なる背景を超えていくための参加者の個人的努力でもあった。時には、京都の事例の中で議論したように、ちがいを抑えるのではなく、ちがいに積極的な役割を果たさせることの方が、多様なアクターがそれぞれの強みを活かして共通の目標に到達するための、より良い解決策をもたらすこともある。

こうして、「九条の会」は、これらのすべての努力が展開されるための、重要なプラットフォーム（場）として機能し、一九六〇年代政治世代の活動家たちが、彼ら自身の過去の運動の中でつくられた種々の対立を克服する手助けとなった。ジョージ・ハーバート・ミードが述べたように、「様々な関心事が熟慮のフォーラムに現れることは、社会的世界の再構築と、その結果としての新しい自己の表出に〔つながり〕、そしてそれが新たな目的に応答する」(Mead 1964:149) ことにつながる。「九条の会」の運動の、草の根レベルの小規模な活動への重点的取り組みが、それを可能にしたのである。

また、対立を「克服」することとは、時にはちがいをそのままに残し、ちがいをもつ人々がともに動ける一点を見つけることを意味する。そもそも「九条の会」は、第九条についての立場以外は参加者に何も問わなかった。小さなイデオロギー上のちがいは意識的に脇に置かれ、一方、一致点については強調され、日々の活動の中で推進された。このような積極的な柔軟性もまた、一九六〇年代政治世代にとっては学習された戦術であり、実は「九条の会」が現在の水平的ネットワークの形を獲得するに至るための鍵でもあった。すなわち、問題を第九条に限定して切り取ってみせ、また主権者としての日本人個人個人の力と、第九条を私的に選び取ることを強調した「九条の会」の初めのアピールは、社会のあらゆるレベルにおける広範な参加を動機づけた。このことはまた、「九条の会」が、この国の社会運動セクター全体を再活性化するために根本的な役割を果たすためには必須だった。事実として、一九六〇年代後半の学生運動は、一部の参加者が、グループに忠実でないとみなされたメンバーに対して暴力をふるったという極端な事例のために強い非難をあびた。このような極端な事例は、グループの団結に対する極度の要求からくる、意見の相違に対する過度の恐れの結果だと考えられるのではないだろうか。まさに、「問題状況の合理的な解決―行為の問題―は、慎重な理由付けと現実的な判断を必要とする。それが、（デューイから始まる）プラグマティストが呼ぶところの〝知性〟であろう」（Emirbayer 1997：310）。

二〇一〇年代の社会運動の再活性化の過程に参加した新たな若い活動家は、彼らの新しい憲法運動において、ちがいに対する相互的尊重を掲げたことで、日本の参加型政治にさらなる洗練をもたらすことになる。この姿勢は、「九条の会」の初めのアピールの精神と非常によく共鳴し、最終的には、それまで対立してきた野党の間の歴史的な共同を実現させるための鍵となった。また、この共同の真の原動力は、野党に統一戦線を張るように要求した市民と学生のグループだった。一九五〇年代以来、これらのアクターを深く分断してきたアイデンティティのちがいを考えると、日本の政治史にとっての現在の展開の重要性は、いくら強調しても足りないほどのものである。

また第3章では、沖縄と福島という二つの特別な事例を扱った。沖縄の事例は、この島と日本列島本土の歴史的な隔たりを示した。この文脈では、沖縄ネットワークはそれ自体が、二つの異なる場所から来た参加者たちが協働し、そしてその結果として両者の間に橋をかけるためのプラットフォームであったといえよう。両者の共存のためには、第九条の理想の実現こそは究極の目的であろう。二〇一一年三月の三重災害は、福島ネットワークをして、「九条の会」の活動が反核運動と交流するための、もう一つのプラットフォームの役割を演じせしめた。この過程を通して、「九条の会」は、その視野と活動範囲を関連する諸問題へと広げはじめ、一方で第九条に合わせた照準を保ちつつも、その運動をさらに大きなたたかいへ向けて組み直した。このように、クリアリングハウスのそれぞれが、地域の「九条の会」が組織され活動を展開しうる独特なパターンを提示した。本章はまた、これらの会のそれぞれが、「九条の会」の設立以前から続いてきた、彼らの地域に独自の社会運動の活動の歴史と蓄積に基づいて、その現在の形に到達したことを明らかにした。

第4章では、「九条の会」の活動の初めの数年間における、最初の「九条の会」の主な機能について分析した。最初の「九条の会」は象徴的かつカリスマ性のある指導部であり、運動の情報部である。最初の「九条の会」は、国レベルでは「九条の会」の全ネットワークを代表する一方、運動に対してはスローガンや目標、そして彼らの活動に関連する政治の動きを理解するための最新の情報や分析手法を提供してきた。最初の「九条の会」は、草の根の会の間のコミュニケーションを手助けし、彼らの水平的な連携を強めるため、全国交流集会を主催し、ニュースレターやメールマガジンを発行してきた。また、一般公衆の憲法に関する知識を高めるための憲法セミナーシリーズを主催し、その内容を記録したブックレットを発行してきた。最初の「九条の会」は、その二〇一一年に東北地方で発生した三重災害への対応に示されるように、時に起こる重大な問題に素早く対応し、そのたびに社会的現実に照らしてその役割と目的を真剣に見つめ直し、変化する状況に対して運動の妥当性を保ってきた。最初の「九条の会」のこの性格と、「九条の会」のネットワークを構成する草の根の会の適応能力は、近年この運動がより広い共同を作る際の必要不可欠な要素であった。

第5章は、「九条の会」の初めの到達点を強調することから始めた。政治的過程理論に基づき、「九条の会」のネットワークの発展と第九条に対する世論の逆転とがどのように符合したのか、そしてそれが二〇〇七年の安倍首相とその内閣の辞職につながり、最終的に二〇〇九年の自民党政権の崩壊に帰結したのかを論述した。そして、二〇一一年の三重災害と、第九条の改憲に固執する安倍自民党政権の復活という新たな政治的脅威に、「九条の会」がどのように対応したのかを説明した。

第5章はまた、最初の「九条の会」が最も人脈のある指導者たちの連合であることを証明した。九人の「呼びかけ人」のそれぞれは、独自の個人的職業的背景をもち、グループとして第九条と憲法以外の事柄についても意見を同じくしているわけでは必ずしもなかった。「事務局」もまた、社会的・政治的に活発な専門性の異なる大学教員たちのみでなく、「九条の会」への参加以前には距離を保っていた二つの異なる社会運動グループの指導者たちも加わった構成となっていた。その適応能力とともに、最初の「九条の会」のこの特徴もまた、「九条の会」の発展と、この会が近年のより広範な運動の中で高い中心性を獲得するために必須であり、またこのことによって「九条の会」は、その憲法運動が元来のプロテスト・サイクルを超えて継続するための基盤を築いたのである。

ここまで「九条の会」が重要な変化を生み出した政治的過程を詳述したところで、第6章では再び二〇一〇年代の政治的過程へと焦点を移し、新たな認識とともに新しい世代の活動家の出現について論じ、そうすることを通して、新しい世代の中での「九条の会」の「継続」の問題を議論した。新たな政治参加のための経路としての「ネット選挙」の導入により、新たな社会運動アクターの台頭のための文化的環境が用意された。それでもやはり、「九条の会」は若い参加者を欠いており、その特質が根本的に変わらない限りにおいて、この運動が多くの若い参加者を獲得することは今後においても考え難い。それでも筆者は、二〇一〇年代半ばに出現した、新しいより広範な共同の動きにとって、「九条の会」の貢献が決定的であったと主張した。それは、「九条の会」の、左派内部に残る過去の対立を克服する努力と、その後の改憲に対して異なる見解を持つリベラル層とつながる努力が、この新しい発展にとっての土台を築いたからである。第5章で詳述したように、最初の「九条の会」のメンバーたちは、新たな反核運動と、立憲政治のためのより広範な共同行動の両方に、直接的に参画している。それどころか、この新たな共同の形成においては、最初の「九条の会」事務局の小森と高田こそは必要不可欠な仲介者であった。このことは、今日の日本の社会運動セクターにおける「九条の会」の高い中心性を示す強い証拠である。「九条の会」のネットワークはすでに新しい共同行動の一部となった。他方、この広い文脈における新旧世代間の協力が、「九条の会」がその目的を新しい世代へと伝えることの助けとなった。最終的に、そして最も重要なことに、第九条と憲法を守り生かすという「九条の会」の目的は、この新たな立憲政治のための共同の運動の目的となったのである。

理論的貢献

「ネットワーク的実践」と社会運動の継続

本書は、戦後の日本社会における長年の政治課題である、日本国憲法第九条とは矛盾する軍事同盟であるところの、日米安全保障条約（及び日米地位協定）をめぐる論争が、どのようにして二〇〇〇年代の新しい政治社会的条件のもとで、新たな社会運動として再登場したのかを理解するために、なぜ社会運動はある特定の時点において出現するのかということに着目する、政治的過程アプローチ（McAdam 1982）を基礎に置いた。「九条の会」の運動は、日米安全保障条約に対する反対運動が、長い潜行期間（abeyance period）を経て再登場したものだ（Whittier 1997, Crossley and Taylor 2015）。新たな政治的脅威がもたらした条件のもとでの、この運動の急速な発展を理解する鍵は、社会運動はネットワーク構造であるという視点（Diani and McAdam 2003）を用い、「九条の会」がどのようにして古いネットワークを再組織し、新たなネットワークをつくりだしたかを、詳細に検証することだった。

「九条の会」のネットワークの形成過程を検証することで、本書は、社会運動の生命がその運動が元来属するプロテスト・サイクルを超えて続き得ることを証明した。すなわち、「九条の会」においては、一九六〇年代政治世代の社会的ネットワークが、三〇年間の潜行期間ののちに再組織され、この再組織の過程を通して、既存の社会的ネットワークが新しい運動へと変換されていったのだった。そして、この新しい運動が、この世代の活動家に、その過去から残る問題を克服するためのプラットフォーム（場）を提供した。そして、この過程がさらに、この運動が元来のプロテスト・サイクルを超越し、新しい世代の中にその生命を取り戻す道筋をつくりだしたのである。

社会運動の継続について、本書の提示するような新しい方法で理解するには、過程を重視する（process-based）アプローチと、社会ネットワーク分析の視点を採用する必要があった。その理由は、これらの方法が、研究の焦点を、特定の社会運動グループや組織の継続から引き離すことの助けとなるからであった。

というのは、社会運動に対する伝統的な見方では、運動にはそれを動かす特定の主体（組織や団体とその構成員）がいることを前提としており、分析の焦点はたいてい、それらの主体の「アイデンティティ」や、それらの用いる「フレーム」などの文化的形態であり、「これらの形態がどのようにして形成され、展開され、対話の中で再構築されるのか」（Mische 2003）ではなかった。社会運動の継続について、この従来の見方にとどまる場合、長期間にわたり献身してきたメンバーが高齢となり、彼らの運動を続けていくことが困難となった場合には、その運動の維持は当然不可能だろうとみなすことになる。結果として、運動の継続のためには、新しい若いメンバーをその特定のグループや組織に受け入れていくことが必要だと考えられてきた。しかし、異なる政治的世代は、異なる社会政治的、そして歴史的体験をもつがゆえに、集団的アイデンティティを共有することはほぼありえないという結論を導いた研究もあり、その意味するところは、若い世代から参加者を募ることは、同世代の中から募ることよりもさらに難しいということである。

マクアダムの政治的過程の概念は、「運動の発展の一局面ではなく、全過程」（1982:36）を分析するよう研究者に勧めたが、上述のような社会運動に対する固定的な見方が研究の視野を狭めてきた。さらには、「プロテスト・サイクル」の概念自体が社会運動の環状の生命（とその過程の連続性）を示唆するものであるにもかかわらず、社会運動の継続に関する研究が運動の縮小と潜行期間の後の過程を超えてなされることは、これまでにほぼなかった（Taylor 1989）。仮にこのことが、社会運動は元来のプロテスト・サイクルを超えて継続することは不可能だという暗黙の前提の結果ではないとしても、社会運動はその運動を維持する特定のグループに新たなメンバーを受け入れることなしには継続できないと仮定されてきたことは確かだろう。つい数年前、アメリカのフェミニスト運動に関する研究が、社会運動はその基本的な集団的アイデンティティの拡大と、「潜行構造（abeyance structure）」を通した拡散によって、長期間にわたり継続できるとする根拠を示した（Crossley and Taylor 2015）。運動はそうして成長と変化を続けることによっても、次の世代へと繋がることができる。

本書も、「九条の会」と、特にそのネットワークの発展の過程を詳細に検証することで、ある特定のグループや組織の直接的な継承者なくしても、社会運動はプロテスト・サイクルを超えて継続しうるということを論証した。また、「九条の会」のネットワーク構造がどのように発展したかを示すことによって、本書は、しばしば社会運動としてはじまり、その後より機構化されていく、社会組織と社会機構の形成についての基本的な社会学的研究にも貢献した。前述のアメリカのフェミニスト運動が、特定の概念（フェミニストアイデンティティ）の類似グループ間の伝染を促すシステムとして機構化された「フリースペース」が機能することによる、集団的アイデンティティの拡散と波及による運動の継続の事例だとすれば、本書が提示した日本の憲法運動は、生身の人間たちが、その毎日の生活の中で、顔を突き合わせ、異なる背景を持つ者らの間でのコミュニケーションを可能にするために葛藤する、「ネットワーク的実践(network practice)」による運動の継続の事例であると言えよう。

社会運動の継続についての関係的理解

また、「九条の会」の運動に見たネットワークの形成と拡大の過程は、社会運動の継続についての理論に対して、より関係的な理解を貢献する。筆者の観察において、「九条の会」の参加者が、過去から続く分断を克服するために、一生懸命に工夫を凝らしていることは明らかだった。彼らは、過去の過ちに学び、小さなちがいをめぐって争ったことや、すでに限られている抵抗の領域を、協働することによって拡大するのではなく、独占しようとしたことを反省していた。今度の運動では、彼らは正反対のことをしてきた。その活動の根本的なレベルで、「九条の会」の参加者は、基本的に独立した彼ら自身の小さなグループとして活動するため、以前の条件に比べてより自由に異論を唱えることができる。とはいえ、これらの独立したグループや個人は、一つの運動として、新しいネットワークの形成の過程の一部として協働している。そうであるから、これらの過程を一貫して、ネットワーク（ネットワークの連結部分）の資質は常に変化してきた。結果として、この運動における彼らの独立した立場と、ネットワークの拡大に伴う多様な条件下での新たな他者との出会いや関わりあいを通して、ネットワークへの参加者（ネットワークの構成分子）の資質もそれぞれ変化してきた。

本書は、社会運動をグループとしてではなくネットワークとして概念化し、運動が人々というよりは人々の間のつながりに属するものだという見方を支持するものである。このことはしかし、ネットワークがそれに参加するアクターから独立して維持されうるとか、アクターは簡単に置き換えられるとかいうことを必ずしも意味しない。社会的ネットワークは、異なる優先順位をもつ生身の人間たちによって維持されるのであり、誰がネットワークの中にいるかということはやはり重要である（これらのアクターたちも、他者との関係を含む多くの要因から変化するのだが）。基本的に人々は、共同して動けるからこそつながりを維持するものだ。「九条の会」は、ネットワークであるがゆえに、しかもそのネットワークはちがいが尊重される共通の土台を提供するものであるがゆえに、あらゆる種類のアクターを関わらせることができた。

過去の分断が克服されるという保証はどこにもなかった。もしかしたら（故・ピーター・マニカス教授がハワイ大学マノア校の社会学理論の大学院セミナーでよく言っていたように）、「ちがう結果になっていたかもしれない」。しばしば、共通の敵を目の前に、グループ同士は連帯しない。日本の一九六〇年代政治世代は、この真実の生き証人である。リベラルとラディカルが、共通点のもとに連帯するかわりに、なにがしかの競争から互いを敬遠することはよくある話だ。これもまた、「アイデンティティ」として――リベラルとラディカルはとにかくちがうのだ、と主張することによって――理解することもできる。しかしやはり、関係的な表現で理解する方が的確であろう。すなわち、抵抗勢力のための領域は限られており、競争は彼らを引き寄せるかわりに引き離した、と理解するべきである。このような分裂は、一九六〇年代の日本で起こったが、二〇〇〇年代には起こらなかった。本書は、その理由を論証した。かつて「アイデンティティ」の強調によって分裂をくり返し、その観点からのみ理解された日本の左翼の分断は、「九条の会」の出現によるネットワークの再編成を通して克服されつつあるのだ。また、このことは、生身の人間達の、苦心の末に獲得された「知性」（Dewey 1980）の働きによって成し遂げられた。そして、この基盤のうえに、新たな世代の社会運動が発展しているのである。

こうして、私たちは今、ネットワークとしての社会運動の生命は、プロテスト・サイクルを超えて継続することができることを理解する。運動の勢力と資源（運動の遺産、歴史、ノウハウ、教訓、集団的アイデンティティ、そしてネットワークのつながり）を維持するための、特定の人々の終わりなき努力による、伝統的な意味での「継続」として理解されてきたものは、今ではネットワークそのものである社会運動の、ネットワーク形成と再編成の永続的な過程として理解できるだろう。このような過程を通して連帯することで、社会運動はその影響力を増し、抵抗の領域を広げることができる。

【文献】

McAdam, Doug, *Political Process and the Development of Black Insurgency*, Chicago, University of Chicago Press, 1982.

Mead, George Herbert, "The Social Self", in *George Herbert Mead, Selected Writings*, edited by Andrew J. Reck, Indianapolis, Bobbs-Merrill, 1964.

Emirbayer, Mustafa, "Manifesto for a Relational Sociology", *American Journal of Sociology* 103, 1997.

Whittier, Nancy, "Political Generations, Micro Cohort, and the Transformation of Social Movements", *American Sociological Review* 62, 1997.

Crossley, Alison Dahl, and Verta Taylor, "Abeyance Cycles in Social Movements", in *Movements in Times of Democratic Transition*, edited by Bert Klandermans and Cornelis van Stralen, Temple University Press, 2015.

Diani, Mario, and Doug McAdam, Eds., *Social Movements and Networks: Relational Approaches to Collective Action*, Oxford, Oxford University Press, 2003.

Mische, Ann, "Cross-talk in Movements: Reconceiving the Culture-Network Link", in *Social Movements and Networks: Relational Approaches to Collective Action*, edited by Mario Diani and Doug McAdam, Oxford,Oxford University Press, 2003.

Taylor, Verta, "Social Movement Continuity: The Women's Movement in Abeyance", *American Sociological Review* 54, 1989.

Crossley, Alison Dahl, and Verta Taylor, "Abeyance Cycles in Social Movements", in *Movements in Times of Democratic Transition*, edited by Bert Klandermans and Cornelis van Stralen, Temple University Press, 2015.

Dewey, John, "Democracy and Education", in *The Middle Works of John Dewey, 1899–1924, vol. 9*. Edited by Jo Ann Boydston, Carbondale, Southern Illinois University Press, 1980.

Abbott, Andrew, *Time Matters: On Theory and Method*, Chicago, University of Chicago Press, 2001.

Abbott, Andrew, "Transcending General Linear Reality", *Sociological Theory* 6:169-86, 1988.

Avenell, Simon Andrew, "Civil Society and the New Civic Movements in Contemporary Japan: Convergence, Collaboration, and Transformation", *The Journal of Japanese Studies* 35:247–283, 2009.

Anheier, Helmut, "Movement Development and Organizational Networks: The Role of 'Single Members' in the German Nazi Party, 1925-30", pp.49–76 in *Social Movements and Networks: Relational Approaches to Collective Action*, edited by Mario Diani and Doug McAdam, Oxford, Oxford University Press, 2003.

Braungart, Margaret M., and Braungart, "The Effects of the 1960s Political Generation on Former Left- and Right-Wing Youth Activist Leaders", *Social Problems* 38:297–315, 1991.

Braungart, Richard, G., and Margaret M., Braungart, "Life Course and Generational Politics", *Journal of Political and Military Sociology* 12 (1):1-8, 1984.

Burt, Ronald S., *Brokerage and Closure: An Introduction to Social Capital*, Oxford, Oxford University Press, 2005.

Caren, Neal, Raj Andrew Ghoshal, and Vanesa Ribas, "A Social Movement Generation: Cohort and Period Trends in Protest Attendance ……", *American Sociological Review* 76:125–151, 2011.

DeMartini, Joseph R., “Generational Relationships and Social Movement Participation.”, *Sociological Inquiry* 62:450-63, 1992.

DeMartini, Joseph R., “Change Agents and Generational Relationships”, *Social Forces* 64:1-16, 1985.

Diani, Mario, “Social Movements and Social Capital: A Network Perspective on Movement Outcomes”, *Mobilization* 2:129–141, 1997.

Eggert, Nina, and Elena Pavan, “Researching collective action through networks: taking stock and looking forward”, *Mobilization: An International Quarterly* 19:363–368, 2014.

Falleti, Tulia G., and Julia Lynch, “From Process to Mechanism: Varieties of Disaggregation”, *Qualitative Sociology* 31:333–339, 2008.

Fisher, Dana R., and Marije Boekkooi, “Mobilizing Friends and Strangers”, *Information, Communication & Society* 13:193–208, 2010.

Gorski, Philip, “Social ‘Mechanisms’ and Conparative-historical Sociology: A Critical Realist Proposal.”, pp.117-38, in *On Sociology*, Vol.1, Critique and Program, Stanford: Stanford University Press, 2009.

Gould, Roger V., “Multiple Networks and Mobilization in the Paris Commune, 1871”, *American Sociological Review* 56:716–729, 1991.

Groff, Ruth and John Greco, eds, *Powers and Capacities in Philosophy: The New Aristotelianism,* New York, Routledge, 2013.

長谷部恭男『憲法の理性』、東京大学出版会、二〇〇六年。

Hirschman, Daniel, and Isaac Ariail Reed, “Formation Stories and Causality in Sociology”, *Sociological Theory* 32:259–282, 2014.

Hunt, Scott, Robert D. Benford, and David A Snow, "Identity Fields: Framing Processes and the Social Construction of Movement Identities", pp.185–208 in *New Social Movements: From Ideology to Identity*, Philadelphia, Temple University Press, 1994.

Isserman, Maurice, *If I had a Hammer: The Death of the Old Left and the Birth of the New Left*, New York, Basic, 1987.

伊藤真『やっぱり九条が戦争を止めていた』、毎日新聞社、二〇一四年。

自民党憲法改正草案を爆発的に広める有志連合『あたらしい憲法草案のはなし』、太郎次郎社エディタス、二〇一六年。

河相一成『憲法九条と靖国神社』、光陽出版社、二〇〇七年。

Klandermans, Bert, "The Social Construction of Protest and Multiorganizational Fields", pp77–103 in *Frontiers in Social Movement Theory*, New Heaven, CT: Yale University Press, 1992.

Knoke, David, and Song Yang, *Social Network Analysis*, Second, California, SAGE Publications, 2008.

Koopmans, Ruud, "The Dynamics of Protest Waves: West Germany, 1965 to 1989", *American Sociological Review* 58:637-658, 1993.

共同通信社憲法取材班『「改憲」の系譜——九条と日米同盟の現場』、新潮社、二〇〇七年。

Lichterman, Paul, "Seeing Structure Happen: Theory-Driven Participant Observation", pp.118–145 in *Methods of Social Movement Research*, vol.16, *Social Movements, Protests, and Contention*, Minneapolis: University of Minnesota Press, 2002.

Mahoney, James, "Beyond Correlational Analysis: Recent Innovations in Theory and Method", *Sociological Forum* 16(3) 575-593, 2001.

Mannheim, Karl, "The Problem of Generations", pp.276-332 in *Essays on the Sociology of Knowledge,* edited by P.

Kecskemeti, London: Routledge and Kegan Paul, [1928] 1852.

McAdam, Doug, and Sidney Tarrow, "Introduction: Dynamics of Contention Ten Years On", *Mobilization* 16:1–10, 2011.

McAdam, Doug, "Beyond Structural Analysis: Toward a More Dynamic Understanding of Social Movements", pp.281–298 in *Social Movements and Networks: Relational Approaches to Collective Action*, edited by Mario Diani and Doug McAdam, Oxford, Oxford University Press, 2003.

McAdam, Doug, *Freedom Summer*, New York, Oxford University Press, 1988.

McAdam, Doug, John McCarthy, and Mayer N. Zald, "Opportunities, Mobilizing Structure, and Framing Processes-Toward a Synthetic, Comparative Perspective on Social Movements", in *Comparative Perspectives on Social Movements: Political Opportunities, Mobilizing Structures, and Cultural Framing*, edited by Doug McAdam, John McCarthy, and Mayer N. Zald, New York, Cambridge University Press, 1996.

McCarthy, John, and Mayer Zald, "Resource Mobilization and Social Movements: A Partial Theory", *American Journal of Sociology* 82:1212–1241, 1977.

Melucchi, Alberto, "The Process of Collective Identity", pp.41–63 in *Social Movement and Culture*, edited by Hank Johnston and Bert Klandermans, Minneapolis: University of Minnesota Press, 1995.

Meyer, David S., "Protest Cycles an Political Process", *Political Research Quarterly* 46:451-480, 1993.

Mische, Ann, *Partisan Publics: Communication and Contention across Brazilian Youth Activist Networks*, Princeton, Princeton University Press, 2008.

Mische, Ann, and Philippa Pattison, "Composing a civic arena: Publics, projects, and social settings", *Poetics* 27:163–194, 2000.

Mische, Ann, and Harrison White, "Between conversation and situation : Public switching dynamics across network Domains", *Social Research* 65:695–724, 1998.

中野晃一『つながり、変える私たちの立憲政治』、大月書店、二〇一六年。

日本報道検証機構「「憲法学者の７割が自衛隊違憲」は水増し？　東京新聞の引用が不正確」、二〇一六年。 http://bylines.news.yahoo.co.jp/yanaihitofumi/20160204-00054109/ (retrieved on January 31, 2017)

Padgett, John, and Christopher Ansell, "Robust Action and the Rise of the Medici, 1400-1434", *American Journal of Sociology* 98:1259–1319, 1993.

Passy, Florence, "Social Networks Matter. But How?", pp.21–48 in *Social Movements and Networks: Relational Approaches to Collective Action*, edited by Mario Diani and Doug McAdam, Oxford, Oxford University Press, 2003.

Rupp, Leila J. and Verta Taylor, *Survival in the Doldrums: The American Women's Rights Movement, 1945 to the 1960s*, New York, Oxford University Press, 1987.

Schneider, Beth, "Political Generations in the Contemporary Women's Movement", *Sociological Inquiry* 58:4-21, 1988.

幣原喜重郎『外交五十年』、中公文庫、二〇一五［一九五一］年。

Snow, David A., and Robert D. Benford, "Ideology, Frame Resonance and Participant Mobilization", *International Social Movement Research* 1:197–217, 1988.

Snow, David A., and Robert D. Benford, "Master Frames and Cycles of Protest", pp.133–155 in *Frontiers in Social Movement Theory*, edited by Aldon D. Morris and Carol McClurg Mueller, New Heaven, CT: Yale University Press, 1992.

Snow, David A., and Danny Tram, "The Case Study and the Study of Social Movements", pp.146–172 in *Methods of Social Movement Research*, edited by Bert Klandermans and Suzanne Staggenborg, Minneapolis: University of Minnesota Press, 2002.

Snow, David A., Louis A Zurcher, and Sheldon Ekland-Olson, "Social Networks and Social Movements: A Microstructural Approach to Differential Recruitment", *American Sociological Review* 45:787–801, 1980.

Tarrow, Sidney, *Power in Movement,* Cambridge, Cambridge University Press, 1994.

Tarrow, Sidney, "Stability and Innovation in the Women's Movement: A Comparison of Two Movement Organizations", *Social Problems* 36:75-92, 1989.

Tilly, Charles, *Popular Contention in Great Britain, 1758-1834,* Cambridge, Harvard University Press, 1995.

東京新聞「安倍政権で改憲「反対」55％」、二〇一六年一〇月二九日。

渡辺治『憲法9条と25条・その力と可能性』、かもがわ出版、二〇〇九年。

White, Harrison C., *Identity and Control: How Social Formations Emerge. 2nd ed*, Princeton and Oxford, Princeton University Press, 2008.

White, Harrison, "Can Mathematics Be Social? Flexible Representations for Interaction Process and Its Sociocultural Constructions", *Sociological Forum* 12:53-711, 1997.

White, Harrison, "Network Switchings and Bayesian Forks, Reconstructing the Social and Behavioral Sciences", *Social Research* 62:1035-63, 1996.

Whittier, Nancy, *Feminist Generations: The Persistence of the Radical Women's Movement*, Temple University Press, 1995.

Woodward, James, *Making Things Happen: A Theory of Causal Explanation*, New York, Oxford University Press,

2003.

Zeitlin, Maurice, “Political Generations in the Cuban Working Class”, *American Journal of Sociology* 71:493–508, 1966.

解説

小森陽一

本書は、著者がハワイ大学から学位を取得した、博士論文を基に成り立っている。その意味で「九条の会」についての最初の学術的な研究論文である。したがって、読者のみなさんにとって、なじみのない専門用語であるカタカナ言葉が繰り返し使用されることにもなる。最後まで読み通された読者にとっては、いずれの専門概念も、「九条の会」の具体的な活動事例の分析を通して、わかりやすく受容できるように本書が書かれていると納得出来るであろう。

けれども途中で不安になって、この解説を開かれた読書諸氏には、中心となる概念についての基本的な説明——と言っても一読者である私の理解の範囲においてだが——をしておこう。

まず「プロテストサイクル」、すなわち「抗議の周期」について。たとえば一九六〇年の岸信介内閣の下での日米安保条約改定に反対する大きな運動（「六〇年安保闘争」）が組織されてから、十年後の再改定を阻止するための運動（「七〇年安保闘争」）にいたる十年間が、日米安保体制に対する「プロテスト・サイクル」ということになる。

これまでの社会運動研究は、概ね「プロテスト・サイクル」そのものに焦点をあてて行われてきた。しかし、本書では「六〇年安保闘争」から「七〇年安保闘争」にいたる運動を担った世代が、三〇年間の潜在期間を経て「九条の会」運動を創出していく過程が描き出されていく。そのことによって「プロテスト・サイクル」を超えて持続する社会運動の可能性を、「九条の会」の活動の中に見出していくところに本書の第一の特徴がある。この著者の問題意識は、「九条の会」運動の出発点を、正確にとらえている。発足前の一つのエピソードを紹介しておこう。

二〇〇一年の「9・11」以後、アメリカのブッシュ政権が進める「テロとの戦争」に、日本の小泉純一郎政権は、前のめりに協力の姿勢を強めていった。アフガン攻撃から、イラク攻撃にいたる中で、こうした状況に危機意識を抱く専門をこえた学者・知識人が「憲法再生フォーラム」を結成した。初代の共同代表が加藤周一さんと杉原泰雄さん、そして高橋哲哉さんで、私が事務局長を担った。

月一度岩波書店の会議室で研究会が行われ、半年に一回市民向けの講演会を開くことになった。その初回の四人の講師の中に加藤さんと井上ひさしさんが選ばれた。井上さんは日本ペンクラブ会長として、小泉政権の戦争加担政策と対峙していた。

四十人ほどの政治学者や憲法学者を中心とする「憲法再生フォーラム」の中で、文学者は三人だけだったので、休み時間や会議の後、日本の「平和運動」をめぐる議論を私たちは繰り返した。

戦後の原水禁運動が分裂したことや、社共統一戦線が崩れた理由、日本における反戦運動組織の在り方など多岐にわたった。二〇〇三年のアメリカ・イギリスのイラク攻撃の後、小泉政権下での自衛隊の「イラク派遣」に反対する運動に、若い世代が積極的に参加しはじめていることも話題となった。

加藤さんは日本の役所や学校、会社組織の「村ハチブ的閉鎖性」をどう克服できるかを考え、井上ひさしさんはそれに対し、明治以後の中央集権的軍隊的上意下達組織に江戸期の観音講や伊勢講、さらには頼母子講など神仏の教えを学習しながら、村人たちが支えあっていく相互扶助的組織の可能性を対置させて話された。

あるとき加藤さんは「六〇年安保世代は今どうしている？」と私に問いかけられた。私は「まだ全国で御健在だと思います」と応じたら、あの眼でにらまれ「そういう事ではない。今何歳くらいになっているかということだ」と問いただされたので、「六〇年に二〇歳だった方は六三歳、三〇歳だった方は七三歳だと思います」と私は応じた。すると加藤さんはニヤリと笑われ、「みんな定年退職して、自由の身で家にいるな」と悪戯っぽく紫煙をくゆらせた。井上さんもそれに応じるように深く肯きながら煙草を吹かした。

「九条の会」を結成して二年半後の二〇〇六年一二月八日、第一次安倍晋三政権が、「戦後レジームからの脱却」と称して、一九四七年「教育基本法」を改悪する（一二月二二日）直前、私の職場である東京大学駒場キャンパス九〇〇番教室で、学生と教職員が共同して開催した講演会で、加藤さんは「九条の会」運動の勝利の方針として、「学生さんと老人とは結託すれば」「日本の社会は危機を脱することが出来ると思うのです」、「老人と学生の同盟は」「二つの自由な精神の共同・協力は、強力になりうるだろう」と話されたのである（加藤周一『私にとっての20世紀』岩波書店、二〇〇九・二・一七）。

この加藤さんの言葉が現実のものとなったことを、著者は「九条の会」の全国の実践から証明したのである。

二〇〇四年六月一〇日にアピールを発したが、マス・メディアからは黙殺されたので、全国主要都市で呼びかけ人が三人ずつ講演会を開催した。翌年の憲法記念日までには自発的に三千をこえる様々なレベルの「九条の会」が結成された。全国講演会をまとめる二〇〇五年七月の有明コロシアムの講演会で、私は事務局長として全国津々浦々の地域、職場、学園で「九条の会」を結成してくださいという、たった一つの会としての方針を発表した。呼びかけ人が考えていた「九条の会」の役割は、本書第4章冒頭の大江健三郎さんの言葉に言いつくされている。「私たちの声に応じて、多様な方たちが、それぞれの場所で、憲法、民主主義へ向けて声を発していただければ、その数々の声が重なり合う場所に、つまり「萃点」に、私らの最初の九条の会を置き、交通整理をする形にしたい」ということなのだ。

「萃点」とは大江さんの「九条の会」を表現するための、文学的造語だと文芸評論家としての私は思う。「萃」は、あつまる、寄りつどう、至る、とどまる、万物が集まる、という意味を内包した漢字である。本書の筆者が繰り返し強調している「ネットワーク」の、個別「九条の会」における認識を表している。

小田実さんと鶴見俊輔さんは「ベトナムに平和を!市民連合」（一九六五、四）の反戦無党派市民運動の担い手であり、政党や労組から自立した市民運動の思想と実践を二一世紀にまで持続された方たちである。

六七三四となった二〇〇七年には第一次安倍晋三政権を崩壊させた。七千を突破した二〇〇八年には、「読売新聞」の憲法世論調査で、十五年ぶりに「憲法を変えないほうがいい」という人が多数派となり、クウェートからイラクへの輸送を行っていた航空自衛隊の活動に、名古屋高裁で違憲判決を出すにいたる「プロテスト・サイクル」を、「六〇年」と「七〇年」「安保闘争」とつなげて、運動の持続の可能性を本書は明らかにしたのである。

この分析の正しさは、第二次安倍政権による憲法違反の「戦争法制」としての「安保法制」に反対する二〇一五年の大運動が、「六〇年安保」のとき統一した運動を強く意識し、党派の対立を乗りこえて、「総がかり行動実行委員会」という新しい運動の在り方を生み出していったこととしっかりつながっている。

そしてこの「総がかり行動実行委員会」を軸とする運動の在り方が、「ネットワーク」と理論的にも実践的にも結びついている。著者が日本の社会運動の転換点として重視する「3・11」以後、原発再稼働に反対する二十万をこえる人々が国会を包囲した二〇一二年六月二九日、その多くの参加者がフェイスブックやツイッターで相互に呼びかけ合っていた。文字通り「ネットワーク」が社会運動に生かされたのであり、二〇一五年の「安保闘争」における「SEALDs」をはじめとする若い世代の運動の力はこの「ネットワーク」にあった。

「九条の会」発足時、祖父や父の世代が責任を持たねばならない、先の戦争の中で発生した「従軍慰安婦」問題を、無かったことにしようとする安倍晋三を中心とする世襲政治家たちを、各地の講演会で三木睦子さんは厳しく批判された。女性の人権を守る、様々な運動にかかわる方たちを、保守の側に立つ人も含めて「九条の会」運動へとつなぐ役割をはたされた。

奥平康弘さんは、憲法学者の方たちを相互につなぐ役割を果たされたのと同時に、多くの若い世代の研究者を育てられ、彼らや彼女たちが、全国各地の講演会で、憲法に基づく政治の在り方について、熱く語りつづけてくれている。

梅原猛さんは、お住まいになられている京都で、幅広いつながりを形成され、独自の運動の在り方のつなぎ手の役割を担われた。京都の「九条の会」の役割については、本書の中でも詳しくふれられている。

ノンフィクション作家の澤地久枝さんは、「3・11」以後の脱原発の運動の先頭に立たれ、毎月三日に国会前で「アベ政治を許さない!」という、俳人の金子兜太さんの書かれたプラカードをかかげて立つ、という運動も組織されている。大きな声をあげてスローガンを叫ぶことの出来ない人たちも参加ができる運動である。この「スタンディング」という運動形態は、いまや日本全国の市町村にまで広がっている。

そしてこのネットワークを市町村といった基本自治体から、都道府県単位でのゆるやかな各「九条の会」の協力関係を形成していくのが、著者の言う「クリアリング・ハウス」システムである。「クリアリング・ハウス」のもともとの意味は「手形変換所」。銀行などの金融機関が取引先や他行からの手形や小切手を持ち寄って相互に変換する施設のことであり、転じて情報センターや情報支援所という意味でも使われている。様々なレベルの「九条の会」を相互につなぐ、「クリアリング・ハウス」の機能の仕方に、「九条の会」運動の縦横の広がりの可能性を著者は見出している。

私は紹介者の役割を担ったので確信をもって強調するが、本書を執筆するうえでの著者の最大の力は、繊細な感覚で運動に参加している人びとの心の動きの機微をとらえながら、それを「九条の会」運動の一つの思想にまでつなげていく、エスノグラフィック（民族誌的）なフィールドワークに基づくインタヴュー力にある。例えば著者のインタヴューに応じる活動家の女性の発言を聴きながら、彼女の属する党派に批判的であったもう一人の女性が、改めて強い信頼感を抱くにいたる橋渡しをしているのである。

本書そのものが、今までとこれからの「九条の会」運動の「クリアリング・ハウス」になっているのだと確信する。

あとがき

本書の基となった研究のための現地調査の段階から、本書にも解説を寄せて下さった小森陽一先生には格別のご助力を賜った。二〇一一年から二〇一二年にかけて現地調査を行った際、筆者が研究生として籍を置いていた東京大学大学院で、市野川容孝教授のゼミを聴講する機会があり、研究構想にもコメントをいただいた。その折、市野川先生が、「まず小森先生に会うべきだよ」と紹介して下さったのが、その後延々と小森先生にお世話になることとなる端緒だった。そして、現地調査から数年後、論文完成のご報告に伺った際、先生が出版を強く勧めて下さったことが、本書がこのような形になるきっかけであった。その際筆者が、この研究はこれまで知られていなかった「九条の会」運動の「仕掛け」を明らかにするものだから、出版するとこの重要な運動の秘密を暴露することになってしまうかもしれない、というようなことを半分冗談で言ったのだが、それに対して先生が、「もうやっちゃったからいいんだ」と笑っておられたことが印象に残っている。調査への協力から本書の解説に至るまで、世話の焼ける筆者に懲りずにお付き合い下さった先生に、この場を借りて改めて御礼申し上げたい。あわせて、多忙の折にもかかわらず、同研究に快くご協力下さった各地「九条の会」の方々へ、改めて感謝と敬意を表したい。

また、本書の出版を引き受けて下さった花伝社の平田勝社長には、筆者がごく身近なつながりを通して同社の名を知ったことから、突然原稿を送り付けたのだった。それにもかかわらず、平田社長は早速原稿に目を通して下さり、出版を引き受けて下さった。その際、花伝社の成り立ちが一九六〇年代政治世代のネットワークにあること、そして今年四月には元ＳＥＡＬＤｓ ＫＡＮＳＡＩのメンバーを編集部に迎えたばかりであることからも、本書は花伝社が出すべき本であると言い切って下さった。そして、着任間もない大澤茉実さんが、本書の編集を担当して下さることとなった。大澤さんも、本書の編集の全過程を通して、注文の多い筆者に最後までお付き合い下さった。花伝社における世代間のつながりの生成もまた、「九条の会」以降の新しいネットワークの形成過程と不可分であろう。

これからの日本と世界のありよう、またより身近な日常を考えるとき、私たちは個人として、また市民として、どのようなつながりをつくっていくことができるだろうか。「九条の会」運動を生み出した一九六〇年代政治世代の経験からは、多くを学びとることができるはずである。

二〇一八年六月

飯田洋子

飯田洋子（いいだ・ようこ）
1978 年神奈川県生まれ。社会学博士。専門は政治社会学、社会運動論。
日本女子大学人間社会学部卒業、同研究科・博士前期課程修了。ハワイ大学マノア校アジア研究科・修士課程、同社会学部・博士課程修了。

九条の会——新しいネットワークの形成と蘇生する社会運動

2018年7月5日　初版第1刷発行

著者 ——飯田洋子
発行者 —平田　勝
発行 ——花伝社
発売 ——共栄書房
〒101-0065　東京都千代田区西神田2-5-11出版輸送ビル2F
電話　03-3263-3813
FAX　03-3239-8272
E-mail　info@kadensha.net
URL　http://www.kadensha.net
振替 ——00140-6-59661
装幀 ——三田村邦亮
印刷・製本—中央精版印刷株式会社

ISBN978-4-7634-0860-0 C0036